그래서

그녀는 젊다

그래서 그녀는 젊다

1판 1쇄 발행 | 2015년 2월 13일
1판 2쇄 발행 | 2015년 3월 25일

지은이 | 서영순
펴낸이 | 이희철
기획 | 출판기획전문 (주)엔터스코리아
편집 | 조일동
마케팅 | 임종호
펴낸곳 | 책이있는풍경
등록 | 제313-2004-00243호(2004년 10월 19일)
주소 | 서울시 마포구 월드컵로31길 62 1층
전화 | 02-394-7830(대)
팩스 | 02-394-7832
이메일 | chekpoong@naver.com
홈페이지 | www.chaekpung.com

ISBN 978-89-93616-44-6 03320

이 도서의 국립중앙도서관 출판시도서목록(CIP)은 서지정보유통지원시스템 홈페이지(http://seoji.nl.go.kr)와 국가자료공동목록시스템(http://www.nl.go.kr/kolisnet)에서 이용하실 수 있습니다.(CIP제어번호: CIP2015001011)

그래서

그녀는 젊다

꿈이 있어서 나는 멈추지 않는다

메리케이 NSD **서영순** 지음

책/이/있/는/풍/경

성장을 꿈꾸고, 그래서 나는 젊다

여자 나이 60.

예전 같으면 할머니라는 말을 들을 나이다. 물론 지금 60이라는 나이는 예전과는 비교할 수 없을 정도다. 외모부터가 다르다. 요즘 60대는 여전히 젊다. 자기관리를 열심히 한 여성은 40대나 50대와 견주어도 손색이 없을 만큼 젊고 건강하다.

확실히 요즘 사람들은 예전에 비하면 나이보다 젊어 보인다. 하지만 외모가 젊어진 만큼 생각도 젊어졌는지는 의문이다. 60세는커녕 30대 후반만 되어도 나이 탓을 한다. 현재가 불만족스럽고 미래가 불안하지만 나이가 들어 아무것도 할 수 없다고들 한다. 새로 시작하기에는 나이가 너무 많다고 푸념한다.

정말 나이가 들면 새로운 꿈을 꾸거나 더 멋지게 성장할 수 없을까? 60줄에 들어선 나로서는 인정하기 어렵다. 여전히 나는 하고 싶은 일이 많고, 오늘보다 내일 더 성장하는 삶을 꿈꾼다. 그리고 그 꿈을 이루기 위해 노력하고, 이룰 자신도 있다. 지금껏 그래왔듯이 말이다.

성장을 꿈꾸는 것이 젊은 사람들만의 특권이라면 사실 나는 출발부터가 늦었다. 많은 여성들이 그렇듯 나 역시 결혼하고 아이를 낳고 한동안 집안일만

했다. 그때만 해도 내 삶과 성장보다는 남편과 아이가 먼저였다. 큰 문제없이 평온한 날들이었다. 하지만 시간이 지날수록 아쉬움과 답답함이 켜켜이 쌓여 갔다. 남편을 따라 서울을 떠나 순천에서 살면서부터는 더욱 그랬다.

나는 주어진 현실에 순응하거나 욕구를 억누르며 사는 성격이 아니었다. 갖고 싶은 것이 있으면 갖고, 하고 싶은 일이 있으면 하고, 하루하루가 똑같은 삶보다는 변화를 좋아했다. 집에서 남편이 벌어다준 돈에만 의지하며 살기에는 내 안에서 꿈틀거리는 욕구가 너무나 컸다. 그래서 30대 중반을 훌쩍 넘긴 나이에 일을 시작했다.

30대 중반은 무슨 일이든 새로 시작할 수 있는 젊은 나이라고 생각하는 사람들이 많다. 하지만 그때는 달랐다. 많은 나이는 아니었지만, 집에서 살림만 하던 여자가 세상 밖으로 나와 일을 시작하기에는 늦은 나이 아닌가. 그렇게 생각했다. 사회의 시선도 그랬고, 내 자신 역시도 그랬다.

솔직히 일을 시작하면서 내가 그렇게까지 일을 잘할 수 있으리라고는 미처 몰랐다. 더구나 한 번도 해보지 않았고, 배워본 적도 없는 영업 파트에서 두각을 나타내리라고는 꿈조차 꾸지 못했다. 내 안에 끊임없이 성장하고 싶어하는 욕구가 없었다면 불가능한 일이었을 것이다.

30대 중반에 일을 시작해 지금까지 25년을 쉬지 않고 달려왔다. 그러는 동안 60대가 되었지만 멈출 생각은 전혀 없다. 앞으로 최소한 10년은 더 일할 생각이다. 10년은 내 힘으로 돈을 벌 수 있는 일을 기준으로 했을 때로, 무료 봉사활동처럼 의미 있는 일은 내 생명과 건강이 허락하는 한 쉬지 않고 싶다.

많은 이들이 말한다. 일을 하고 싶지 않아서가 아니라 나이 들어 할 수 있는 일이 없기 때문에 못한다고. 그리고 말한다. 일은 하고 싶지만 할 줄 아는 게 없다고. 그러면서 성장하려는 노력을 멈추고, 스스로 뒷방 늙은이를 자처하며 하루하루 버티며 산다.

흔히 나이는 숫자에 불과하다고 말한다. 그 어느 때보다 요즘 그 말을 실감한다. 60대가 된 나도 더 멋있게 성장하려는 꿈을 꾼다. 그런데 30대밖에 안 된 젊은 여성들이 나이가 많아 아무것도 할 수 없다는 말을 들으면 안타까움이 앞선다. 그녀들을 보면 육체적인 나이는 30대지만 정신은 주름만 가득하기 때문이다.

물론 막막할 수 있다. 사회 경험도 없고, 전문적인 능력도 없는 탓에 일을 찾기가 쉽지 않다는 것은 잘 안다. 하지만 성장하고 싶은 마음이 간절하다면 일은 얼마든지 있다. 인간의 능력은 무한하다. 그것은 나이와 상관없다. 자신의 열정과 가치를 믿고, 나이를 핑계 삼지 않는다면, 그렇게 일을 찾는다면 보이지 않았던 수많은 일들이 보일 것이다.

나이가 들어 성장하기 어려운 것이 아니라 성장을 포기하는 순간부터 나이 들기 시작한다. 끊임없이 성장하려고 노력하는 여성들은 나이가 들어도 여전히 멋있고 아름답다. 성장하기 위해 열심히 노력하는 것이야말로 최고의 안티에이징이다. 외모는 과학의 힘을 빌려 젊게 만들 수는 있지만 마음은 그렇지 못하다. 마음이 늙어 아무것도 할 수 없는데 외모만 가꾼들 만족스러울 리 없다.

나이에 상관없이 늘 성장하는 나를 지켜보는 많은 분들이 내게서 자신도 할 수 있다는 힘을 얻는다고 말한다. 그런 말을 들을 때마다 기분이 좋다. 그분들의 기대에 어긋나지 않게 앞으로 더 열심히 성장을 꿈꾸고 노력할 것이다. 내가 그랬고, 지금도 그렇듯이 이 책을 읽는 여러분도 나이에 휘둘리지 말고 오랫동안 성장을 꿈꾸며 자기 삶의 주인공으로 당당하고 행복하게 살기 바란다. 이 책이 그런 삶을 사는 데 조금이나마 도움이 되었으면 한다.

CONTENTS

2_ 오늘이 마지막 날인 것처럼

3_ 현명한 여자는 언제나 아름답다

4_ 혼자가 아닌 모두를 꿈꾸며

Opportunity does not send letters of introduction
기회는 자기소개서를 보내지 않는다

1

성장하는 여자는 늙지 않는다

내 안에 숨어 있는 **능력은**
결코 나이를 먹지 않는다
그것은 무한한 **가능성을 품고**
자기를 불러주기만 **기다린다**

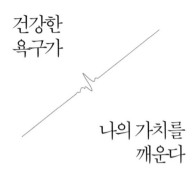

건강한
욕구가

나의 가치를
깨운다

아주 예쁜 핸드백이 있다. 당장 사고 싶을 만큼 마음에 쏙 든다. 그런데 비싸다. 몇 달 생활비를 다 털어도 부족할 정도다.

이런 경우 여성들의 반응은 크게 세 가지로 나타난다. 첫 번째는 포기다. '예쁘기는 한데 너무 비싸', '내 형편에 가당키나 해', '핸드백 하나 사서 몇 달 굶을 순 없잖아. 당장 먹고살기도 힘든데', '마음에 들지만 하는 수 없잖아' 하며 포기한다.

두 번째는 부정이다. '예쁘면서 저렴한 핸드백도 얼마나 많은데 굳이 이걸 살 필요가 있을까?', '비싼 핸드백은 좋아하지도 않았잖아', '정신이 어떻게 됐나봐' 하며 그것에 정신을 빼앗긴 자신을 부정한다.

마지막은 도전이다. 갖고 싶은 마음을 있는 그대로 인정하고 포기하지도 않는다. 현재 여력이 되면 그것을 사고, 당장 살 형편이 아니라면 몇 달 점심을 굶거나 아르바이트를 해서라도 돈을 모아 원하는 것을 기어이 산다.

당신은 어디에 속하는가? 세 가지 중 어느 것이 더 좋고 나쁜 것은 아니다. 다만 앞으로 지금보다 더 나은, 더 만족스러운 삶을 살고 싶다면 포기와 부정을 경계해야 한다. 원하는 것을 포기하거나 부정하면 내 안에 잠자고 있는 엄청난 거인을 깨울 수 없기 때문이다.

내 안의 나와 겸허하게 마주할 때

"일하고 싶어요. 그런데 한 번도 일을 해본 적이 없어요. 저처럼 능력이 없는 사람도 할 수 있을까요?"

많은 여성들이 이렇게 말한다. 내세울 만한 학벌도 아니고, 경력도 부족하고, 뚜렷한 전문 기술도 없다며 의기소침해한다. 그녀들을 볼 때마다 안타깝다. 사람은 누구나 엄청난 잠재력을 갖고 있다. 단지 아직까지 그 능력을 발휘할 기회가 없었을 뿐이다.

내면 깊숙한 곳에 잠자고 있는 능력은 저절로 드러나지 않는다. 잠재력은 무언가가 자극해주어야만 비로소 기지개를 편다. 그것을 자극하는 것은 여러 가지겠지만, 그중 가장 원초적이면서도 강력한 것이 욕구다.

흔히 욕구를 욕심이나 탐욕이라고 생각하거나 좋지 않은 것으로 여긴다. 하지만 욕구는 삶을 살아가는 원동력이자 어떻게 살아야 하는지를 제시하는 이정표다. 결코 터부시하거나 억눌러야 할 것이 아니다.

욕구라고 하면 식욕, 수면욕, 성욕처럼 생명을 유지하는 데 필요한 기본적인 욕구만을 떠올리기 쉽다. 하지만 욕구는 종류가 다양하다. 인간은 먹고 자고 성욕만 채우면 그만인 존재가 아니다. 다른 동물과 달리 인간

16

은 생존 이상의 욕구를 품고 산다. 새로운 것을 배우고 싶어하는 욕구, 부나 명예나 권력을 잡고 싶어하는 욕구, 창의적인 일을 하고 싶어하는 욕구, 행복한 가정을 꾸리고 싶어하는 욕구를 비롯해 일일이 열거하기도 힘들 만큼 다양하다. 예쁜 가방이나 좋은 물건을 보았을 때 갖고 싶은 것, 예뻐지고 싶은 마음 역시 자연스러운 욕구다.

어떤 욕구든 충족하지 못하면 불만이 생기기 마련이다. 불만으로 가득 찬 삶은 행복할 리 없다. 그런데도 많은 사람들, 특히 여성들은 자신의 욕구를 부정하거나 애써 누르며 살아간다. 그럴 수밖에 없다. 살림하기도 빠듯한데 비싼 핸드백을 사거나 고급 레스토랑에서 맛있는 음식을 먹기는 여간한 일이 아니다. 다시 공부하고 싶어도 살림하랴 아이들 키우랴 온종일 발을 동동거려야만 한다. 그러다 보니 어쩔 수 없이 공부하고 싶은 마음을 외면해야 한다.

나 또한 결혼해서 아이를 둘 낳을 때까지는 내 안에 있는 욕구에 충실하지 못했다. 내 안에는 늘 욕구가 여럿 있었다. 한 자리에 머물지 않고 계속 나아가고 싶은 욕구도 있었고, 내 아이를 세계적인 인재로 키우고 싶은 욕구도 있었다. 배우고 싶은 마음도 강했다. 남들에게 도움을 주고 싶은 욕구도 숨길 수 없었다.

잘 먹고 잘 입고 싶은 욕구도 있었다. 배만 부르면 그만이 아니라, 나와 내 가족이 매끼 맛있으면서도 새로운 음식을 즐기면서 행복하기를 원했다. 예쁜 옷이나 멋진 핸드백이 있으면 손에 넣고 싶었다. 누구나 그렇듯이 나 또한 나를 예쁘고 멋있게 가꾸고 싶은 마음이 강렬했다.

다만, 내가 남들과 다른 점은 내 안에 있는 욕구를 부정하거나 억누르지 않았다는 것이다. 어떻게든 충족하기 위해 노력했다. 책이나 신문을 열심히 읽고 문화센터 강좌를 찾아다니며 들으면서 배움에 대한 욕구를 어느 정도 충족할 수 있었다. 남들에게 도움이 되고 싶은 허전함은 종교 단체에서 봉사활동을 하면서 채웠다.

하지만 한계가 있었다. 시간과 마음과 노력으로 충족되는 욕구도 있지만 돈이 있어야 효과적으로 충족할 수 있는 것도 많았다. 남편이 경찰공무원으로 수입이 안정적이었고, 시댁도 경제적으로 넉넉한 편이라 소박한 욕구를 채우는 데는 문제가 없었다. 아마도 내 안의 욕구가 소박하고 평범했다면 남편이 벌어다 준 돈으로 알뜰하게 살림하고 아이들을 키우면서 현실에 만족했을지 모른다. 그러기에는 내 안의 욕구가 너무나 크고 강했다. 더구나 그 욕구는 남편의 급여만으로는 충족하기 어려운 수준이었다.

선택해야만 했다. 현재의 삶에 만족하고 욕구를 포기할 것인가, 아니면 바깥에 나서서 내 스스로 욕구를 충족시킬지를.

결론은 내 힘으로 해결하는 쪽이었다. 경력은커녕 뚜렷한 전문 기술도 없는 평범한 가정주부가 할 수 있는 일은 많지 않았다. 그나마 경력과 학벌을 따지지 않고 능력만 보는 업종이 영업이었다. 하지만 영업이라고는 생전 해본 일이 없는 내가 할 수 있을지 걱정이 앞섰다.

걱정은 기우에 불과했다. 욕구에 솔직해지자 내가 미처 알지 못했던 내 안의 능력이 눈을 뜨기 시작했다. 욕구를 충족하려면 일을 해야 한다는 생각이 들자 없던 용기도 절로 솟았다. 욕구는 욕심이 아니라 분명한 목표를 갖고 행동하게 만드는 힘이라는 사실을 그때 절실하게 느꼈다.

누구에게나 저마다 가슴 안에 무한한 능력이 숨어 있다. 그것을 확인하려면 자신 안에 꿈틀대는 욕구와 겸허하게 마주해야만 한다. 어떤 욕구라도 욕구는 그 자체로 가치가 있다. 그리고 그중에서도 자신을 가장 뜨겁게 달구는 욕구가 있다. 그것에 주목해야 한다. 자신만의 능력을 깨우고 자신을 성장시킬 수 있는 욕구는 바로 그것, 도저히 참을 수 없는 욕구이기 때문이다.

욕심 부리지 말고, 나를 욕구하라

욕구는 두 얼굴을 갖고 있다. 욕구 자체는 좋고 나쁨도, 선악도 없다. 하지만 욕구를 어떤 방법으로 충족시키느냐에 따라 자신을 성장시키는 원동력이 되기도 하고, 자신을 망가뜨리고 다른 사람들에게까지 피해를 입히는 욕심으로 변질되기도 한다. 간혹 사람들이 욕구와 욕심을 동일시하는 것도 이 때문이다.

예쁜 명품 핸드백을 갖고 싶은 욕구를 채울 수 있는 방법은 여러 가지일 수 있다. 요즘 젊은 여성들은 남자친구에게 명품 핸드백을 선물 받는 것을 당연시한다고 들었다. 사랑한다면 그런 것 정도는 사줄 수 있어야 한다며 남자친구에게 압박을 가한다. 그것도 욕구를 채우는 한 방법이다. 하지만 그런 방법은 자신 안에 있는 능력을 깨우기는커녕 더 깊은 잠에 빠져들게 할 뿐이다. 오히려 남자친구는 그녀에게 명품 핸드백을 선물하기 위해 동분서주하는 동안 미처 몰랐던 그만의 능력이 계발될 가능성이 크다.

빚을 내거나 카드를 긁어 살 수도 있다. 그런 다음 빚을 갚을 구체적인 계획을 세우고 노력한다면 욕구도 채우고 자신만의 능력도 계발할 수 있다. 하지만 대부분은 그렇지 않다. 감당할 자신도 없이 일단 저지르고 나서 후회한다. 감당할 자신도, 여력도 없는데도 불구하고 욕구만 채우는 것은 욕심이자 탐욕이다.

욕심의 사전적 의미는 '분수에 넘치게 무엇을 탐하거나 누리고자 하는 마음'이다. 여기서 말하는 분수는 주관적이다. 월 천만 원을 벌 수 있는 사람이 200만 원짜리 가방을 사고 싶어한다면 그것은 욕심이 아니라 욕구다. 반면에 월 100만 원으로 생활하는 사람이 200만 원짜리 가방을 사고 싶어한다면 욕심이 될 수 있다. 이처럼 욕구와 욕심을 객관적으로 구분하는 기준은 없다. 개인의 경제 상황과 조건에 따라 달라진다.

사람의 분수는 정해져 있지 않다. 태어날 때부터 월 100만 원으로 살아야 할 분수도 없고, 여왕처럼 화려한 삶을 살도록 태어난 분수도 없다. 자신의 분수를 함부로 가늠해, 자기 안에 있는 다양한 욕구를 채워도 되는 것, 탐해서는 안 되는 욕심으로 구분해서는 안 된다. 그렇게 단정 짓는 순간 자신 안에 있는 무한한 능력을 계발할 수 없고, 그 능력은 영원히 깨어나지 않기 때문이다.

지금 당장은 200만 원짜리 명품 핸드백을 갖고 싶어하는 게 욕심일 수 있다. 능력도 안 되는데 빚을 내서라도 산다면 더더욱 욕심이라는 꼬리표를 떼기 어렵다. 하지만 일을 해서 자기 힘으로 당당하게 산다면 더이상 욕심이 아니다. 자신을 성장시키고 자신의 숨은 능력을 계발할 수만 있다면 그것은 욕심이 아니라 절실한 욕구다.

욕구와 욕심은 한끗 차이다. 하지만 그 한끗이 자신을 크게 성장시킬 수도 있고, 끝없이 추락시킬 수도 있다. 어느 쪽을 선택할 것인가? 그것은 자신의 몫이다.

20

문제는
나이가 아니라

생각이다

엄마는 아이의 잠재력을 믿는다. 내 아이에게 무한한 능력이 있고, 그것을 키워주는 것이 부모의 중요한 역할이라고 생각한다. 아이의 잠재력에 대한 믿음이 확고해, 누가 "이 아이는 능력이 안 되니 욕심 부리지 말고 소박하게 키우세요"라고 말한다면 불같이 화를 내며 당장 사과하라고 할 것이다.

하지만 아이가 아닌 엄마 자신에게 같은 말을 한다면 어떨까? 과연 "내가 능력이 얼마나 많은데 그런 소리를 하느냐"며 반박할 수 있는 사람은 얼마나 될까? 안타깝게도 자신 안에 있는 남다른 능력을 인정하는 엄마들은 생각보다 많지 않다. 오히려 능력이 충분하다고 말해도 고개를 저으며 그런 말 자체가 가당치도 않다는 반응을 보이기 십상이다.

스스로 능력이 없다고 부정하는 것은 능력이 나이와 반비례한다고 생각하기 때문이다. 어린아이들은 잠재력이 풍부하지만 그것은 나이가 들면서 점점 더 떨어진다고 생각한다. 그런데다 결혼하고 아이를 낳으면 그나마 남아 있던 능력도 퇴색한다고 믿는다.

내 안에 숨어 있는 능력은 결코 나이를 먹지 않는다. 그것은 언제나 무한한 가능성을 품고 자기를 불러주기만 기다린다. 10살이든, 30살이든, 50살이든 언제 불러도 잠재력은 변함없는 모습으로 나타나 그때부터 성장을 시작한다. 그런데도 많은 이들이 나이가 들었다며 그 능력을 깨울 시도조차 하지 않는 우를 범한다.

생각을 바꾸면 탁월함이 보인다

젊었을 때는 미처 발견하지 못했던 능력을 늦은 나이에 발휘해 멋진 인생을 산 사람들은 의외로 많다. 그중에서도 해리 리버만은 많은 이들에게 화제가 되었고 지금도 가장 확실한 본보기다. 폴란드의 가난한 집안 출신인 그는 자수성가해 큰 부자가 된 인물로 유명하다.

부자가 되겠다는 꿈을 품고 미국에 들어섰을 때 그는 29살이었다. 당시 그에게 있는 것이라고는 옷가지 몇 벌을 담은 손가방 하나와 6달러뿐이었다. 그것만으로 미국으로 건너온 그는 유대인 거주 지역에서 현금출납원으로 일을 시작했다.

밤낮을 가리지 않고 열심히 일한 덕분에 400달러를 모을 수 있었고, 그 돈을 밑천으로 맨해튼에 과자 도매상을 차렸다. 사업은 불이 붓듯 번창해 시작한 지 11년 만에 상당한 재산가가 되었다. 이후에도 열정적으로 일한 그는 74세 때 경영 일선에서 물러나 조용한 나날을 보냈다.

여기까지만 해도 그의 인생은 충분히 존경받을 만하다. 하지만 감동은 74세 이후에 시작된다. 은퇴 후 노인클럽에서 체스를 두며 지내던 어느 날, 그의 게임 상대가 보이지 않았다. 함께 체스를 두기로 한 사람이 병이 나서 오지 못한 것이다. 젊은 봉사원이 그 소식을 전하며 한마디 했다.

"심심하실 테니 잠시나마 근처 화실에 가서 그림을 그려보시는 건 어떠세요?"

처음에는 웃어넘겼다. 생전 붓 한 번 잡아본 적이 없는데 그림을 그린다는 게 말이 되나 싶었다. 하지만 곧 생각을 바꿔 화실을 찾아갔고, 매일 그림을 그리기 시작했다. 그때 그의 나이 81세였다.

10주에 걸쳐 미술수업을 받았는데, 수업을 받으면서 자신 안에 숨어 있던 능력이 폭발했다. 그의 그림은 단숨에 주목을 받았다. 미술평론가들은 그를 '원시적인 눈을 가진 미국의 샤갈'이라고 극찬했다. 81세의 나이에 미술적인 능력을 발견한 그는 꾸준히 전시회를 열었고, 101세에 22번째 개인전을 열어 또 다시 세상을 놀라게 했다.

그림을 그려보라고 했을 때 그가 '이 나이에 그림은 무슨' 하며 밀어냈다면 그의 진정한 능력은 영원히 잠들었을 것이다. 나이가 아니라 생각이 문제다. 나이가 많기 때문에 능력이 발휘되지 않는 것이 아니라 부정적인 생각이 깨어나려는 나만의 능력을 방해한다. 잠재력이 늙는 것이 아니라 생각이 늙어 얼마든지 계발될 수 있는 남다른 능력을 사장시키는 것이다.

생각이 곧 젊음이다. 메리케이에 입사했을 때의 기억이 새롭다. 10년 동안 했던 보험 영업을 그만두고 메리케이에 오자 모든 것이 낯설었다. 보험 영업을 시작한 지 4년 만에 최고가 되었고, 이후 6년 동안 연이어 정상을 지킬 정도로 보험 영업은 자신이 있었다. 보험 대신 화장품을 파는 것이라 간단하게 생각할 수도 있다. 하지만 제품도 다르고, 판매하는 방식도 다르기 때문에 처음부터 다시 배워야 할 것이 너무나 많았다.

메리케이에 입사하기 전에 관련 제품을 써볼 기회가 있었다. 솔직히 그전에는 화장품에 대해 잘 알지 못했다. 어떤 화장품이 좋은지 몰랐고, 무조건 값비싼 화장품이 품질도 좋다고 여겼다. 그래서 화장품은 되도록 비싼 것을 사용했다.

그런 어느 날이었다. 딸이 괜찮은 화장품이라며 적극 추천했다. 메리케이였다. 반신반의하며 써봤는데 기대했던 것보다 상당히 괜찮았다. 전에 쓰던 화장품보다 가격이 훨씬 싸면서도 내 피부와 잘 맞았다. 화장품에 대한 좋은 기억이 후에 메리케이에 입사할 것을 결정하는 데 큰 역할을 했다.

하지만 막상 입사해 교육을 받으러 가보니 나보다 나이가 많은 사람은 단 한 명도 없었다. 나만 50을 훌쩍 넘었을 뿐 다들 30대였다. 젊은 그녀들 틈에서 '다들 젊은데, 그들 틈에서 잘할 수 있을까?' 하며 주눅 들기도 할 것이다. 만약 그랬다면 지금 '메리케이 서영순'은 존재하지 않았을 것이다. 나이를 의식하고 자신감을 잃기보다는 오히려 더 열심히 노력하는 쪽을 택했다.

제품을 팔려면 제품을 정확하게 이해해야 한다. 기억력이 좋은 편이라고 자신하지만 아무래도 젊은 사람들보다는 떨어질 수밖에 없다. 노안이와 작은 글씨를 보려면 돋보기를 껴야 했다. 그렇다면 방법은 하나뿐이다. 그녀들이 1시간 공부할 때 2시간 공부하는 수밖에 없었다.

교육을 받기 시작한 날부터 나흘 동안 밤을 새웠다. 카탈로그에 있는 화장품 이름, 가격, 제품별 특징 등을 노트에 쓰면서 달달 외웠다. 회사에서 반드시 외워야 한다고 강제한 것은 아니었다. 하지만 고객이 화장품에 대해 물어보았을 때 기본적인 정보는 막힘없이 이야기해줄 수 있어야 한다. 그것이 고객의 마음을 움직인다. "이 스킨 얼마예요?"라고 묻는데 "잠깐만요" 하면서 허겁지겁 카탈로그를 넘긴다면 아무리 좋은 화장품이라도 신뢰를 얻기 어렵다.

카탈로그에 나와 있는 정보를 모두 숙지하기는 쉽지 않았다. 하지만 수없이 반복해서 공부한 결과 나흘 만에 누가 어떤 제품에 대해 질문하면 기능부터 가격, 사용 방법 등을 막힘없이 말할 수 있을 정도가 되었다. 그러자 자신감도 붙었다.

나이가 들수록 '나이는 숫자에 불과하다'는 말을 더 실감한다. 나이가 들어도 하고 싶은 것은 여전히 많고, 하고 싶은 것을 이룰 수 있는 기회와 능력도 무한하다는 것을 늘 깨닫는다. 가끔은 내 안에 또 어떤 능력이 있는지 궁금해지고, 빨리 만나고 싶어 설레기도 한다.

생각에 머무는가, 용기를 더하는가

"늙는 것은 범죄도, 기형도 아니다."

소설 《은교》에서 주인공 이적요가 세상을 향해 던진 항변이다. 인정하기 싫은 불편한 진실 중 하나가 나이 든 사람을 보는 세상의 곱지 않은 시선이다. 이적요가 늙는 것은 범죄도, 기형도 아니라고 항변한 데는 이런 사회적인 편견이 작용한다. 노인들도 욕구가 있다. 예쁜 이성을 보면 가습이 설레고, 분위기 좋은 카페에서 이야기를 나누고 싶어 한다. 그런데 세상은 노망으로 매도하며 손가락질한다.

자기 생각이 확실해도 세상의 편견에 맞서기는 쉽지 않다. 《은교》에서도 알 수 있듯이 나이가 들면 욕구조차 죄악시한다. 본능적인 욕구는 말할 것도 없고, 더 성장하고 싶어 하는 욕구조차 색안경을 끼고 볼 때가 많다.

내가 아는 지인 중 내로라하는 대기업에서 임원으로 정년퇴직한 후 빌딩관리인으로 일하는 분이 있다. 평소 직업에는 귀천이 없다고 생각했고, 성격이 꼼꼼해 빌딩관리와 잘 맞았다. 그래서 정년을 몇 년 앞둔 시점부터 은퇴하면 빌딩관리인으로 일하겠다고 계획했다.

하지만 막상 그 일을 시작하려 하자 집안의 반대가 심했다.

"남들 보기 창피해요."

"아버지가 그런 일을 하면 사람들이 우리를 어떻게 보겠어요? 나이든 아버지를 제대로 모시지 못하는 불효자식이라고 할 거예요."

아내가 적극 반대했고, 자녀들도 완곡하게 아내 편을 들었다.

일을 하는 목적은 생계를 해결하기 위한 것만이 아니다. 일을 통해 얻는 성취감과 재미도 중요한 가치다. 일을 통해 남다른 능력을 계발하고 더 크게 성장하는 것도 빼놓을 수 없는 행복이다. 사람들도 안다. 그런데도 생계를 위해 어쩔 수 없이 해야 하는 경우가 아니라면 "왜 힘들게 그런 일을 하느냐?" 하며 만류한다. 표면적으로는 건강을 걱정하는 것 같지만 이면에는 나이가 들어 능력도 저물었으니 애쓰지 말라는 편견이 깔려 있다.

이런 편견에 맞서려면 용기가 필요하다. 생각보다 세상의 편견은 뿌리가 깊다. 나는 오래 전부터 편견과 고정관념을 깨기 위해 노력해왔다. 그 결과 비교적 생각이 많이 열려 있다고 자신한다. 그런 내게도 여전히 나이든 사람에 대한 편견이 있다는 것을 깨닫고 부끄러워한 적이 있다.

메리케이에서 일한 지 3년쯤 되었을 때였다. 매장에서 젊은 엄마에게 화장품을 설명하고 있었다. 그런데 옆에서 한참을 조용히 지켜보던 한 할머니가 말을 걸었다.

"젊은이들, 그거 나도 써보면 안 되나?"

그 말을 듣는 순간 아차 싶었다. 그 할머니는 84세였다. 아들이 변호사인데다 집안이 유복해 얼굴이 평온하고 고왔다. 하지만 나도 모르게 그분한테는 화장품이 필요 없으리라 생각했다. 그래서 그분이 매장 안에 있으면서도 무심했다. 아차 싶었다. 죄송한 마음에 "안 되긴요, 당연히 되지요"라며 그분께 도움이 될 만한 화장품을 소개했다.

그분을 보면서 80대에도 아름다움에 대한 욕구는 있음을 확인했다. 자신의 욕구를 감추지 않고 당당하게 표현한 그분의 용기가 감동으로 다가왔다. 세상의 시선에서 자유롭지 않았다면 '혹시 늙은이가 무슨 화장품이냐고 하면 어쩌지?' 걱정했을지 모른다. 그러나 그분에게는 그런 편견 따위에 아랑곳하지 않고 원하는 것을 얻는 용기가 있었다. 그래서 그분은 나이 들수록 '더 곱고 아름다운 여성'이 될 수 있었을 것이다.

남들과 다른, 나만의 능력은 자신만이 깨울 수 있다. 아무도 대신해줄 수 없다. 따라서 다른 사람의 말이나 시선을 의식할 필요가 없다. 편견이나 고정관념에 휘둘리는 순간 그 능력이 깨어날 기회도 사라진다.

아내와 자녀들의 반대에도 굴하지 않고 빌딩관리인이 그 분은 지금 그 어느 때보다 행복하고 활기차게 살고 있다. 일을 하는 것 자체도 즐겁지만, 자기 안에 있던 서비스 본능을 발견해 보람이 더하다고 한다. 대기업에 있을 때는 높은 자리에서 직원들을 통솔하느라 자신 안에 그런 능력이 있는 줄 몰랐단다. 그런데 낮은 곳에서 다른 사람들을 위해 일하다 보니 예상 외로 서비스하는 일이 즐겁고, 자신이 그 일을 잘할 수 있음을 알게 되었다고 한다.

지금도 그는 그 빌딩에서 없어서는 안 될 '해피 바이러스'로 맹활약하고 있다.

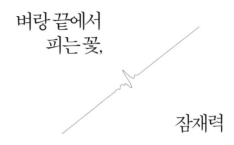

벼랑 끝에서
피는 꽃,

잠재력

살다 보면 누구나 역경을 겪는다. 피할 수 없다면 되도록 삶에 큰 영향을 미치지 않은 작은 역경들만 만나기를 바란다. 하지만 운명의 여신은 냉정하다. 누구나 삶이 송두리째 흔들리는 큰 역경을 통과의례처럼 겪는다.

감당하기 힘든 역경은 두 얼굴을 갖고 있다. 역경에 무릎을 꿇으면 점점 더 깊은 절망의 수렁에 빠지지만, 정면으로 응시하고 극복하려 들면 자신도 미처 몰랐던 능력이 발현된다. 막다른 골목에 몰린 생쥐가 고양이를 공격하는 것처럼 잠재력은 종종 더이상 물러설 곳이 없는 벼랑 끝에 섰을 때 비로소 모습을 드러낸다.

절박할수록 남다름은 더 잘 보인다

순천에서 태어나 구례에서 자랐지만 나는 어렸을 때부터 도시를 동경했다.

문화적인 욕구가 많았던 나로서는 도시문화를 늘 꿈꾸었다.

기회는 결혼과 함께 찾아왔다. 결혼 후 1년은 시댁에서 생활했고, 이후 남편이 근무하던 부산에서 함께 살았다. 남편이 경찰이라 일정 기간을 근무하면 다른 지역으로 전근 가야 했는데, 남편은 고향인 전라도 광양으로 가고 싶어했다. 하지만 자리가 나지 않아 고민하던 중 고향으로 가지 못할 바에는 차라리 서울로 올라가자고 의견을 모았다. 결혼한 지 3년쯤 되었을 때였다.

서울에 올라온 나는 마냥 신이 났다. 서울에서는 큰돈을 들이지 않아도 문화를 즐길 수 있는 방법이 많았다. 서점에 가서 책을 즐겨 읽고, 다양한 문화강좌를 들으며 지적 호기심을 채웠다. 백화점을 구경하는 것도 큰 즐거움이었다. 아이들이 혼자 걸을 수 있을 때부터는 두 아이와 함께 백화점을 다니곤 했다.

서울의 문화에 푹 빠져 있을 즈음 남편이 향수병에 걸렸다. 나와는 달리 남편은 도시생활이 행복하지 않았던 모양이다. 시골에 계신 부모님도 걱정된다며 내려가겠다고 했다. 나는 갈 수가 없었다. 아이들이 자라면서 이것저것 가르칠 것이 많은데, 내려가면 원하는 교육을 마음껏 시킬 수 없음은 불을 보듯 했다. 결국 남편 혼자 지방으로 발령을 받아 갔다. 그때부터 주말부부로 살았다.

아이들을 위해 서울에 남았지만 남편이 없는 서울은 허전했다. 두 집 살림을 하면서 매주 남편을 만나러 가는 비용도 만만치 않았다. 8개월 동안 불안정한 주말부부로 살다가 결단을 내렸다. 아이들 교육도 중요하지만 가족이 함께 사는 게 더 중요하다는 생각을 떨쳐버릴 수 없었다. 그렇게 광양에서 가까운 순천에 집을 마련했다.

하지만 그곳에서의 생활은 생각보다 끔찍했다. 시골에서 태어나 시골에서 자랐지만 도시문화에 젖어 살다 보니 적응하기가 여간한 일이 아니었다. 아이들도 불평불만이었다. 학교도 얘들도 다 이상하다며, 서울로 가자고 날마다 보챘다. 그런 아이들을 위로할 수가 없었다. 나 역시 서울이 그리운데 "이곳도 괜찮아. 여기서 열심히 살아보자"라는 말을 차마 내밀기 어려웠다.

원하던 삶과는 전혀 다른 삶을 살다보니 우울증이 찾아왔다.

"왜 나를 데려와 미치게 만들어요? 제발 이곳을 떠날 수 있게 해줘요!"

참다못해 남편에게 소리치며 애원하기도 했다. 한 번도 남편에게 큰 소리한 적이 없었기에 남편은 깜짝 놀랐다. 차분하고 순종적인 줄로만 알았는데 그때 제대로 나를 알았단다.

시간이 흐를수록 우울증은 깊어졌다. 당시 전원주택처럼 산 중턱에 지은 아파트의 6층에서 살았는데, 위에서 내려다보면 길게 오솔길이 보였다. 집안 청소를 하면서도, 거실에 앉아 있으면서도 자꾸 눈길이 그 길로 갔다. 오솔길을 따라 나가 당장이라도 서울로 가고 싶었다. 그렇게 할 수 없으니 여기에서 벗어나려면 6층에서 뛰어내릴 수밖에 없다는 극단적인 생각까지 했다.

의욕을 잃고 지내던 어느 날, 라디오의 멘트가 귀에 꽂혔다.

"부모 사랑할 시간 없어요. 남편 사랑할 시간 없어요. 자녀 사랑할 시간 없어요."

그 말에 정신이 번쩍 났다. 나는 아닌데, 부모 사랑할 시간이 있고, 남편 사랑할 시간이 넉넉하고, 자녀 사랑할 시간은 끝이 없는데. 그런 내가 극단적인 생각을 한다는 게 부끄러웠다.

그때부터 그곳에서 적응할 수 있는 방법을 찾았다. 도시문화를 접하고 즐기면서 생활할 수 없다면 나를 확인하고 성장시킬 수 있는 또 다른 무엇이 필요했다. 무엇을 해야 살아 있음을 느끼고, 내가 내 삶의 주인공이 될 수 있을까? 어떻게 해야 내 스스로 만족할 수 있을까?

고민 끝에 바깥으로 나가기로 했다. 세상 밖으로 나가 하고 싶었던 일을 하자고 내 자신에게 용기를 주었다.

남다름은 끌어내는 것이 반이다

우울증에서 벗어나기 위해 웨딩드레스숍을 열었다. 웨딩드레스만 대여하는 것이 아니라 비만관리, 마사지, 헤어를 종합적으로 관리하는 일종의 뷰티숍과 같은 형태였다. 덜컥 웨딩드레스숍을 오픈했지만 사실 나는 사업은 아무것도 몰랐다. 동생이 헤어와 마사지 기술이 있어서 전적으로 동생을 믿고 시작했다.

웨딩드레스숍은 처음부터 난관에 부딪혔다. 지금과는 달리 그때는 대부분 예식장 안에서 운영하는 웨딩드레스를 대여해 입었다. 예식장에 그렇게 하도록 룰을 만들어 놓기도 했고, 외부에서 드레스를 맞춰 입으려면 돈이 너무 많이 들어 엄두를 낼 수 없었다. 서울도 아닌 순천에서 웨딩드레스숍을 찾는 사람은 극소수에 불과했다.

더 큰 문제는 텃세였다. 예식장 옆에 숍을 오픈했더니 텃세가 너무 심했다. 뭘 하나 하려고 하면 여지없이 고발당했다. 생각해보면 그때 나는 겁이 없었다. 무식하면 용감하다고, 텃세가 얼마나 무서운지를 몰랐기에 웨딩드레스숍을 오픈할 수 있었다는 생각도 든다. 앞뒤를 살필 여유가 없을 정도로 절박했던 것도 용감함을 부추겼을 것이다.

사람들은 "외지 사람이 6개월 이상 버티면 손에 장을 지진다"고 호언장담하기까지 했다. 오기가 생겼다. 그들이 그럴수록 그런 상황은 만들지 않겠다는 결의를 다졌다. 성실함을 바탕으로 서비스를 차별화하고, 그곳에서는 볼 수 없었던 세련된 드레스를 갖춘다면 얼마든지 고객을 확보할 수 있다고 생각했다.

그 생각은 틀리지 않았다. 터줏대감들의 끊임없는 방해공작에도 웨딩드레스숍은 날로 고객이 늘어 꽤 많은 돈을 벌었다. 하지만 동생이 결혼하면서 더이상 일을 할 수가 없었고, 다른 사람에게 숍을 넘길 수밖에 없었다. 아쉬웠지만 내가 기술이 없으니 달리 도리가 없었다.

웨딩드레스숍에서의 내 역할은 그리 크지 않았다. 동생이 실무를 다 맡았기 때문에 나는 가끔씩 숍에 들러 관리하고, 대부분의 시간은 봉사활동을 하면서 보냈다. 그럼에도 웨딩드레스숍에서의 경험은 이후 내가 본격적으로 일하는 데 큰 도움이 되었다.

웨딩드레스숍을 운영하기 전에는 내 능력이 어느 정도인지 몰랐다. 처녀 때 일을 했지만 결혼 후 오랫동안 살림만 했기 때문에 걱정이 앞섰다. 그런데 웨딩드레스숍 일을 도맡아 한 것은 아니더라도 텃세를 정면으로 마주하고 고객들을 확보하려고 노력하면서 내 안에 있는 능력을 확인할 수 있었다. 열심히 하면 잘할 수 있고, 생각한 대로 이룰 수 있다는 자신감도 얻었다.

　잠재력은 끌어내는 것이 어렵지 일단 그 능력을 깨우면 그 다음부터는 쉽다. 잠에서 깬 나만의 능력은 걸음마를 시작했나 싶으면 뛰고, 뛰는가 싶으면 어느 순간 날아다닌다. 그러니 지금 이 순간 절박하다면 자기도 몰랐던 능력을 깨울 절호의 기회라고 생각하자. 결코 절망하지 말기 바란다.

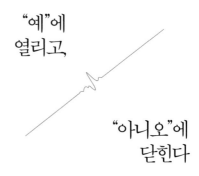

"예"에
열리고,

"아니오"에
닫힌다

"전 한 번도 이런 일을 해본 적이 없어요. 더구나 영업 일은요. 못해요. 자신 없어요."

세일즈 디렉터로 일하면서 수도 없이 듣는 말이다. 생전 다른 사람에게 무언가를 팔아본 경험이 없는 이들이 세일즈를 어렵게 느끼는 건 당연하다. 하지만 세일즈가 아니더라도 생각보다 많은 여성들이 새로운 일을 앞에 두고 "할 수 있습니다"보다는 "할 수 없어요"를 많이 한다. '할 수 있다'는 생각보다 스스로 '할 수 없다'고 단정 짓는다.

자기 안에 숨어 있는 엄청난 능력을 깨우고 싶다면 '할 수 없어'라는 말과 생각을 아껴야 한다. '할 수 없어' 하고 단정짓는 순간 어떤 능력이 있는지 알아볼 기회조차 원천 봉쇄되기 때문이다. 어떤 일이라도 주어지면 일단 '할 수 있다'고 해야 비로소 굳게 빗장을 걸어두었던 잠재력의 문이 열린다.

열린 문 뒤에 어떤 능력이 있는지, 그 능력이 얼마만큼 성장할 수 있는지는 걱정하지 말자. 그것은 열린 다음의 문제다.

"예!"라고 말할수록 길이 보인다

나는 어렸을 때부터 긍정적인 편이었다. 부모님이 무언가를 시키면 무조건 "네!"라고 대답했다. 그 일을 할 수 있을지 없을지는 미지수였지만 일단 긍정적으로 생각했다. 신기하게도 그렇게 대답하고 해내지 못한 일이 거의 없다. 하겠다고 대답했으니 그 대답에 책임을 지기 위해서라도 노력했고, 그러다 보니 자연스럽게 해냈다.

두뇌에는 긍정회로와 부정회로, 두 가지 회로가 있다. '예'는 긍정회로를 작동시키는 버튼이다. 긍정회로는 모든 일을 되는 쪽으로 끌고 간다. 어떤 일이 주어졌을 때 '할 수 있을까?'를 걱정하는 대신 '할 수 있어'라며 스스로를 격려한다. '할 수 있다', '해야 한다'는 쪽으로 생각이 흐르면 자연스럽게 어떻게 할 것인가를 고민하게 된다.

반면에 '아니오'는 부정회로를 작동시킨다. 부정회로는 계속 안 되는 쪽으로 생각을 몰고 간다. '난 할 수 없을 거야', '해도 결과가 좋지 않을 거야'와 같이 부정적인 생각이 꼬리에 꼬리를 물고 이어진다. 머릿속에 부정적인 생각이 가득 차 있는 탓에 일을 시작하기가 불가능하다.

잠재력은 긍정회로가 작동할 때 깨어난다. 그리고 그 긍정회로는 '예'를 해야 작동한다. 일단 긍정회로가 작동하면 어떻게 해야 하는지 방법이 보이기 시작한다. 나는 지금까지 그런 경험을 수도 없이 했다. 그중에서도 가장 경이로운 경험은 메리케이에서 일하면서였다.

메리케이에 입사하기 전 나는 10여 년간 보험 일을 했다. 보험 영업의 정점을 찍고 잘 달리던 중에 메리케이를 만났다. 메리케이의 기업철학과 운영방식은 단숨에 내 마음을 사로잡았다. 실적에 따라 여행도 보내주고, 보석도 주고, 멋진 고급 승용차도 제공했다. 여행과 보석을 좋아하는 내게는 더할 나위 없이 유혹적인 프로그램이었다.

하지만 결정적으로 내 마음을 움직이게 한 것은 연금제도였다.

보험으로 꽤 많은 돈을 벌면서도 마음 한구석은 늘 불안했다. 보통 나이가 들어 은퇴하면 소비를 대폭 줄인다. 지속적인 수입이 없으니 당연히 그에 맞춰 소비를 줄여야 하고, 자식들에게 경제적인 부담을 주지 않으려면 어쩔 수 없는 일이다. 하지만 나는 그런 노후를 원하지 않았다. 나이가 들어서도 여전히 하고 싶은 일을 하며 즐겁게 살고 싶었다. 그러려면 지속적인 수입이 필요한데, 보험 일만으로는 죽을 때까지 지속적인 수입을 창출하기가 어려웠다.

그런데 메리케이는 달랐다. 우선 나이가 들어서도 퇴직 걱정 없이 일할 수 있고, NSD로 은퇴할 경우 연금을 받을 수 있는 제도가 있었다. 연금의 규모는 메리케이에서 일하는 동안 쌓은 실적을 토대로 결정된다. 열심히 일한 만큼 연금도 많아지는 것이다.

연금제도에 끌리지 않았더라면 선뜻 메리케이에서 일하겠다고 마음먹지 못했을 것이다. 보험 영업은 자신 있었지만 화장품 영업은 자신이 없었기 때문이다. 도무지 어디에 가서, 누구에게 팔아야 할지 감조차 잡히지 않았다. 그 때문에 "예"라는 말이 쉽게 나오지 않은 것은 당연했다.

연금제도가 마음에 들어 하겠다고 했지만 불안감은 완전히 사라지지 않았다. 사실 보험 일을 하는 동안 돈 있는 사람보다는 어렵고 힘든 이들을 많이 찾아다녔다. 돈 있는 사람들은 앞날에 대한 걱정이 덜하고, 그들 곁에는 늘 사람들이 많으니 굳이 내가 나설 필요가 없고, 오히려 보험 일로 어려운 이웃들에게 도움을 주고 싶었기 때문이다. 그러다 보니 화장품을 살 만한 여유 있는 사람은 거의 없었다.

그래도 해보자고 마음을 먹자 떠오르는 사람이 있었다. 평소 나를 기꺼이 맞아주고 믿어주었던 분인데, 그분이라면 새로운 일을 시작했다는 말을 편하게 할 수 있을 것 같았다. 심호흡을 하고 전화를 걸었다. 다행히 그분은 평소 피부에 관심이 많았다며 흔쾌히 오라고 했다. 뿐만 아니라 100만 원 상당의 화장품을 구매해주기까지 했다.

메리케이에 내 이름을 올린 뒤 첫 고객을 만나고 집으로 돌아오면서 많은 생각이 머릿속을 오갔다. 왜 그분이 거액의 화장품을 샀을까? 내 얼굴을 봐서 구매해준 것일까? 그렇다면 기분 좋은 일이 아니다. 나를 도와주기 위해 필요하지도 않은 제품을 산 것이라면 영업이 아닌 구걸을 한 것이나 마찬가지가 아닌가.

한참을 고민하다가 긍정적으로 생각하기로 마음먹었다. 제품이 좋지 않고 필요도 없는데 단지 나를 돕겠다며 사기는 어렵다. 그런 마음이었다면 몇 만 원짜리 기초화장품을 사도 될 일이었다. 경제적인 여유는 있지만 충동구매를 하는 분은 아니니 분명히 제품이 마음에 들어 그랬으리라고 결론 내렸다. 이후 용기가 생겨 그분 못지않게 나를 좋아해주었던 또 다른 분을 찾아갔다. 그분 역시 흔쾌하게 세트를 구매해주었다. 두 분 덕분에 할 수 있다는 자신감을 얻고 첫 달에 바로 판매여왕인 '셀링 퀸'에 등극했다.

메리케이에서의 가능성을 열어주었던 두 분은 8년이 지난 지금까지 단 골고객으로 남아 있다.

하고 싶지 않은 일이라도 "예!" 하라

하고 싶었던 일이 주어지면 "하겠습니다"라고 말하기가 쉽다. 설령 그 일을 한 번도 해본 적 없어도 해보고 싶었고, 왠지 재미있어 보인다면 "예" 할 수 있다. 하지만 일을 하다 보면 하고 싶지 않은 일을 해야 할 때가 많다. 특히 여럿이 함께 일할 때는 종종 피하고 싶은 일을 맡아야 할 때가 있다. 이럴 때 선뜻 "할 수 있습니다"라고 말하기가 어렵다.

하고 싶었던 일을 하면서 내 안에 숨어 있는 능력은 충분히 계발될 수 있다. 그렇지만 자신도 미처 몰랐던 능력을 최대한 끌어내려면 하고 싶은 일만 해서는 안 된다. 하고 싶지 않은 일이라도 할 수 있어야만 전혀 예상하지 못했던 엄청난 능력을 깨울 수 있다.

2008년 베이징올림픽 때 8관왕을 차지한 수영선수 마이클 펠프스를 모르는 사람은 없을 것이다. '펠피시'라는 별명처럼 그는 수영에 천부적인 재능을 갖고 있다. 물론 타고난 재능만으로 그가 세계적인 수영선수가 된 것은 아니다. 그의 연습량은 엄청났다. 매일 만 미터 이상을 수영했고, 달리기, 실내자전거 타기, 팔굽혀펴기, 윗몸일으키기 등 수영을 잘하기 위해 필요한 보강훈련도 열심히 했다. 그런 피나는 노력 덕분에 올림픽 역사상 처음으로 8관왕의 영예를 안을 수 있었다.

그가 처음으로 수영장을 찾은 것은 ADHD, 즉 주의력 결핍 과잉행동장애 때문이었다. 어릴 적, 그는 감정기복이 심하고 몹시 산만했는데, 7살 때 부모가 이혼하면서 증상이 더욱 두드러졌다. 한시도 가만히 있지 못하고 불안해했으며, 주변 사람들까지도 불안하게 만들었다.

그의 어머니는 어디선가 수영이 아이의 문제를 고치는 데 도움이 된다는 이야기를 들었고, 어린 그에게 수영을 가르치기로 마음먹었다. 그런데 아이는 물을 지독하게 싫어했다. 소리를 지르면서 수경을 집어 던지는 일이 일상이었다. 아이가 싫어한다고 수영을 그만두게 했다면 올림픽에서 금메달 18개, 은메달 2개, 동메달 2개를 포함해 22개의 메달을 목에 건 펠피시의 신화는 만들어지지 않았을 것이다.

그의 어머니는 현명했다. 물을 무서워하는 아이에게 배영부터 가르치고, 끊임없이 "너는 할 수 있다"고 격려하며 자신감을 심어주었다. 물에 얼굴을 묻지 않고도 할 수 있는 배영을 배우면서 어린 펠프스는 수영의 재미를 알게 되었고, 얼마 지나지 않아 잠재되어 있던 엄청난 수영 능력이 표출되기 시작했다. 펠프스는 운이 좋았다. 현명한 어머니 덕분에 하기 싫었지만 수영을 계속할 수 있었고, 마침내 전혀 예상하지 못했던, 남다른 능력을 발견할 수 있었다.

하지만 대부분의 경우 "하지 않겠다"고 말하면 그것으로 끝이다. 누군가가 싫더라도 한번 해보라고 조언할 수 있겠지만 한 번 닫힌 문은 쉽게 열리지 않는다. 문만 닫히는 것이 아니라 남다른 능력을 끌어낼 수 있는 가능성까지 완전히 닫혀버린다.

스스로 자신의 능력을 막는 우를 범하지 않으려면 하고 싶지 않은 일이라고 섣불리 "아니오" 해서는 안 된다. 당장은 자신의 꿈에 아무런 도움도 되지 않는 하찮은 일로 보일지라도 하겠다고 마음먹고, 할 수 있다고 말해야 한다. 모든 일에 가능성을 열어두고 최선을 다할 때 수면 깊숙이 잠자고 있던 능력까지 끌어낼 수 있다.

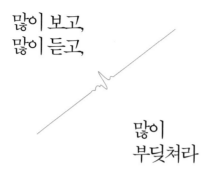

많이 보고,
많이 듣고,

많이
부딪쳐라

나는 영업을 체계적으로 배운 적이 없다. 물론 보험 영업을 할 때와 메리케이에서 일할 때는 기본적인 교육을 받았고, 그것이 큰 도움이 되었다. 하지만 보험 일에 뛰어들기 전 웨딩드레스숍과 미에로화이바 대리점을 운영할 때는 그야말로 맨 땅에 헤딩하는 심정으로 일했다. 조언을 구할 사람도 없었고, 영업기술을 가르쳐줄 수 있는 사람은 더더욱 없었다.

그럼에도 불구하고 웨딩드레스숍과 미에로화이바 대리점 모두 성공적으로 운영했다. 영업이라고는 해본 적도 없는데 영업 전략과 아이디어가 불쑥불쑥 떠올랐다. 어디서 그런 생각들이 떠오르는지 나 자신조차 신기할 정도였다. 지금도 종종 그런 내 자신에게 깜짝깜짝 놀란다. 내 안에 있는 능력을 이미 많이 끌어냈다고 생각하는데 아직도 뜻밖의 능력들이 종종 튀어나오기 때문이다. 자랑하려는 게 아니다.

이 책을 쓰면서 그 능력이 어디에서 나왔는지를 진지하게 돌아보았다.

타고난 재능처럼 원래부터 내 안에 있던 것이 밖으로 나온 것인지, 아니면 나도 모르는 사이에 내 안에서 커지고 성장한 것인지를 확인하고 싶었다.

확실한 답을 얻기는 어려웠지만 한 가지만은 분명했다. 어떤 잠재력이든 외부로부터 자극을 주어야 성장한다. 자극을 주는 방법은 여러 가지겠지만 개인적인 경험으로는 많이 보고, 많이 듣고, 많이 부딪치는 것이 기본이라고 생각한다.

많이 보고 듣는 만큼 성장한다

나는 어렸을 때부터 책을 좋아했고 많이 읽었다. 오빠의 영향이 컸다. 모범생이었던 오빠는 집에 있을 때 손에서 책을 놓지 않았다. 그런 오빠를 보면서 나도 자연스럽게 책을 보기 시작했다. 특별히 좋아하는 분야는 없었다. 분야를 가리지 않고, 오빠가 보고 책꽂이에 꽂아둔 것을 두루두루 읽었다.

지금은 많이 달라졌지만 예전에는 시골에서 즐길 만한 문화생활이 별로 없었다. 그런 때, 책은 나의 문화적 욕구를 충족시켜주는 유일한 매개체였다. 책을 읽으면서 지금과는 다른, 더 멋진 삶을 꿈꾸기도 하고, 지적인 호기심을 채웠다. 어릴 적, 책은 끊임없이 성장하려는 내 욕구를 더욱 강하게 키운 힘이었다.

결혼 후에는 책뿐만 아니라 잡지와 신문까지 즐겨 읽었다. 특별한 목적이 있었던 것은 아니다. 오랫동안 몸에 밴 습관이 어떤 형태로든 읽고 싶은 욕구를 부추겼던 것 같다. 매일 아침, 신문을 1면부터 사설까지 다 읽었다. 결혼 초였던 1980년대까지만 해도 신문에는 한자가 많았다. 신문을 읽다 보면 모르는 한자가 발목을 잡았지만 앞뒤 문맥을 더듬으며 끝까지 읽었다.

왜 그랬는지는 잘 모르겠다. 정치, 경제, 사회 등 별로 관심이 없었던 분야까지 토시 하나 빼놓지 않고 읽었다. 사설이나 박스기사는 더 관심을 갖고 보았다. 결혼 후 꽤 오랫동안 사회생활을 하지 않았음에도 꾸준히 신문기사를 읽으면서 시야를 넓히고 다양한 정보를 습득했다. 그 덕분에 웨딩드레스숍과 미에로화이바 대리점을 성공적으로 운영할 수 있었다고 생각한다.

월간 잡지도 신문처럼 첫 페이지부터 끝까지 다 읽었다. 신문이 시야를 넓히고 트렌드를 읽는 데 도움이 되었다면 당장 생활하는 데 도움이 될 만한 정보는 잡지에서 많이 얻었다. 자녀교육, 요리, 인테리어, 액세서리, 패션을 비롯해 도움을 받은 정보들이 수두룩하다.

지적인 호기심은 책, 신문, 잡지를 읽는 것만으로는 다 채워지지 않았다. 지방에서 서울로 올라와 살 때는 어린 두 아이를 데리고 방송국에 자주 다녔다. 아이들에게나 내게 방송국은 밖에서는 볼 수 없는 신기한 것들이 가득한 별세계였다. 방송국을 다니면서 깊은 인상을 받았던 주부생활 사장님이 주관하는 문화강좌도 많이 들었다.

그때는 몰랐다. 책을 읽고 싶어서 읽었고, 습관처럼 매일 신문을 들여다보고, 재미있어서 문화강좌를 들었을 뿐이다. 그런데 그렇게 보고 들은 것들이 내 안에 숨어 있던 능력이 크게 성장하는 데 더없는 자양분이 될 줄은 상상도 못 했다.

보고 듣는 데는 한계를 둘 필요가 없다. 당장 자신과 전혀 상관없고, 앞으로도 크게 필요하지 않은 것이라도 많이 보고 들으면 숨어 있는 능력을 키우는 데 도움이 된다. 뜻밖의 능력을 발견하는 데 한몫을 할 수도 있다. 따라서 이미 알고 있는 능력 외에 또 다른 능력을 깨우고 싶다면 범위를 한정짓기 말고 열심히 보고 듣는 것이 좋다.

새로운 경험은 자신을 키우는 투자

아이들의 숨은 능력을 키워주는 좋은 방법 중 하나가 체험학습이다. 여러 번 들어도 실제로 한 번 보는 것만은 못하다고 했다. 책을 통해서도 간접적으로 다양한 체험을 할 수 있지만 직접 체험했을 때의 감동과는 다르다. 막연히 머릿속으로 상상한 것과 직접 그 현장에 가서 눈으로 보고, 듣고, 몸으로 체험한 것은 큰 차이가 난다. 선생님이 되고 싶다고 했던 아이가 직업체험을 한 후 선생님이 아닌 다른 직업에 더 매력을 느끼고 자신의 숨은 능력을 확인하는 경우는 비일비재하다.

새로운 경험은 아이에게만 필요한 것이 아니다. 자기 안에 있는 능력을 키우고 싶다면 어른도 새로운 경험을 많이 해야 한다. 새로운 경험이 반드시 거창할 필요는 없다. 큰돈을 들여 가보지 않았던 나라를 가보거나 무언가를 배워야만 새로운 경험이 아니다. 매일 오가던 길을 어느 날은 지금까지 가보지 않았던 새로운 길로 가보는 것도 좋고, 한 번도 먹어보지 못한 음식을 먹는 것도 얼마든지 새로운 경험이다.

새로운 경험은 호기심과 통한다. 호기심이 있어야 새로운 것에 관심을 갖는다.

나는 호기심이 많은 사람이다. 지금도 여전하지만, 젊었을 때는 더 유난스러웠다. 1980년 우리나라에 에어로빅이 처음으로 들어왔다. 말로만 듣던 에어로빅이 어떤 것인지 궁금해 견딜 수가 없었다. 당시 큰딸이 3살, 둘째가 막 태어났을 때라 에어로빅을 배우기가 어려운 상황이었는데 무리를 했다.

매일 새벽 6시, 아이들이 깨기 전에 무용학원에 갔다. 그때만 해도 에어로빅을 전문적으로 가르치는 강사들이 없어 무용학원에서 에어로빅을 가르쳤다. 아이들이 깨면 어쩌나 걱정스럽기도 했지만 에어로빅에 대한 호기심 때문에 그냥 있을 수가 없었다. 다행히 아이들이 아침잠이 많아 큰 사단은 일어나지 않았지만 지금 생각하면 아찔하다.

호텔에 가서 일반 가정에서는 먹기 어려운 새로운 음식도 먹어보곤 했다. 살림하는 주부가 쓸데없이 호텔에서 비싼 음식을 먹는다고 타박할 이들도 있겠지만, 내게는 돈보다 호텔에서 경험할 수 있는 새로운 문화가 더 가치 있었다. 요리에 관심이 많은 나로서는 호텔에서 특별한 음식을 먹기 위해 지불하는 비용이 전혀 아깝지 않았다.

호텔에서 음식을 먹으면 집에 와서 그대로 만들곤 했다. 똑같은 재료가 없을 때는 호텔에서 먹었던 음식의 식감과 향, 맛을 떠올리며 최대한 비슷하게 요리했다. 그때 어떻게 하면 똑같이 만들 수 있는지를 고민하고 시도해보면서 요리와 관련된 열정과 능력이 성장했음이 분명하다.

지금도 서점에 가면 꼭 요리책을 볼 정도로 요리에 관심이 많다. 비록 요리를 업으로 삼지는 않았지만, 창의성을 발휘해 똑같은 재료로 새로운

46

음식을 만들면서 희열을 느낀다. 이런 내 모습을 많이 보고 자라서인지 두 아이 모두 현재 셰프로 일하고 있다.

크게 노력하지 않아도 비교적 빨리 나타나는 능력도 있지만, 오랫동안 깊숙한 곳에 잠자고 있다가 우연한 기회에 발견되는 것이 훨씬 더 많다. 언제, 어디서, 어떤 자극으로 예상하지 못했던 자신만의 능력이 나타날지 아무도 모른다. 그 무한한 가능성을 열어두려면 가능한 한 새로운 경험을 많이 해야 한다. 많이 부딪쳐봐야 한다.

안타깝게도 많은 사람들이 나이 들수록 익숙한 것을 선호하곤 한다. 음식도 먹던 것만 먹고, 일상적으로 하던 일을 반복하고, 만나던 사람만 만난다. 어제와 똑같은 오늘을 살면서 오늘과 다른 내일을 기대하는 것은 욕심이다. 마찬가지로 새로운 경험을 하지 않고 숨은 능력이 열정과 만나 봇물 터지듯 터지기를 바랄 수는 없다.

새로운 경험을 할 때의 낯설음은 잠깐이다. 곧 익숙해질 뿐만 아니라 더 크고 넓은 세계를 열어주는 촉매제 역할을 한다. 그러므로 미래를 위한 투자라고 여기고 새로운 경험을 즐기자.

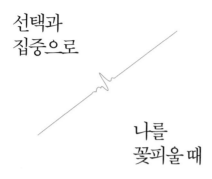

선택과
집중으로

나를
꽃피울 때

사람의 숨은 능력은 무한하다. 그것은 어느 한 분야에서만 나타나는 것도 아니다. 사람마다 차이는 있겠지만, 다양한 분야에서 다양한 능력을 발휘하는 이들도 많다. 내 안에 숨은 능력이 한 가지뿐이라면 고민이 덜할 것이다. 그 능력을 집중적으로 계발하면 되니까. 하지만 자신이 가진 능력이 여러 가지이고, 우열을 가리기도 힘들다면 고민이다. 갖고 있는 능력을 모두 크게 키울 수 있다면 그보다 좋은 일이 없겠지만 그러기에는 인생이 짧다.

고민은 또 있다. 내게는 없지만 일을 하는 데, 나를 더 크게 성장시키는 데 도움이 될 만한 능력이 있다면 어떻게 해야 할까? 시간이 많이 걸리고 어렵더라도 계발해야만 할까?

쉽게 답하기 어려운 문제다. 현대는 전문가의 시대이면서 팔방미인을 요구하는 시대다. 메리케이만 해도 피부를 잘 아는 피부 전문가뿐만 아니라 강사, 상담사 등 다양한 역할을 겸비할 줄 알아야 한다. 하지만 시대가 요구하는 모든 능력을 갖추기에는, 그것도 자신에게는 취약한 능력을 키우는 것은 현실적으로 어려운 일이다.

그렇다면 어떻게 해야 할까? 내 안에 있는 능력을 골고루 계발해 전문가이면서 동시에 팔방미인이 되는 것이 최선이지만, 그럴 수 없다면 진지하게 선택과 집중을 고민해야 한다.

약점을 보완하기보다 강점을 키워야

사람은 누구나 한두 가지쯤은 다른 사람보다 뛰어난 능력이 있는가 하면 반대로 취약한 부분도 있다. 흔히 뛰어난 능력을 강점, 취약한 부분을 약점이라 부른다. 약점보다 강점에 더 집중할 때 삶도 행복해지고 경쟁력도 키울 수 있다. 하지만 약점도 아예 모른 척할 수는 없다. 약점에 신경 쓰지 않아도 사는 데 아무 지장 없고, 자신을 성장시키는 데도 아무 문제가 없으면 괜찮다. 하지만 그렇지 않다면 어떤 형태로든 보완해야 한다.

내게도 치명적인 약점이 있다. 나는 지독한 컴맹이다. 세상에서 컴퓨터가 제일 무섭다. 메일을 보내거나 문서 작성처럼 남들은 식은 죽 먹기로 하는 간단한 작업도 내게는 너무나도 어렵고 부담스럽다. 지금은 기본적인 작업은 어느 정도 할 수 있지만 여전히 컴퓨터를 사용하다가 조금이라도 이상증상이 나타나면 겁이 덜컥 나 바로 중지한다. 남편이나 컴퓨터 전문가를 불러, 문제를 해결해주기 전에는 컴퓨터 옆에 가까이 가지도 못한다.

컴퓨터 없이 살고 싶지만 불행히도 이 세상은 컴퓨터가 없으면 돌아가지 않는 시대가 되어버렸다. 1996년 삼성화재에 입사하기 전, 웨딩드레스 숍과 미에로화이바 대리점을 운영할 때까지만 해도 굳이 컴퓨터를 쓰지 않아도 되었다. 주문은 전화나 팩스로 하고, 장부도 수기로 작성하고, 계산기를 사용하던 시절이었기 때문에 크게 불편하지 않았다.

컴맹의 설움은 1996년 삼성화재에 입사할 때 처음 겪었다. 보험업계는 이미 대부분의 업무를 컴퓨터로 처리하고 있었다. 그렇다고 보험설계사가 고난이도의 컴퓨터 업무를 맡아야 하는 것은 아니었다. 기본적인 컴퓨터 능력만 있으면 쉽게 처리할 수 있는 수준이었는데도 불구하고 컴맹인 나는 두려웠다.

어떻게 해야 할까? 약점인 컴퓨터를 열심히 배워 보완할 수도 있었지만 핵심은 보험 영업이었다. 보험 계약을 성사시켜 실적을 내는 것이 먼저라는 판단이 섰다. 컴퓨터에 센스 있는 사람은 단기간에 기본적인 업무를 처리할 수 있을 정도로 컴퓨터를 익히겠지만 나처럼 컴퓨터에 젬병인 사람은 많은 시간을 투자해야 한다. 차라리 그 시간에 나만의 강점인 영업에 집중하는 편이 낫다고 생각했다.

그래서 컴퓨터 잘하는 사람을 개인 비서로 채용해 컴퓨터로 해야 할 일을 모두 맡겼다. 당시로서는 개인 비서를 고용하는 일이 흔하지 않았다. 그런 때, 자체적으로 약점을 보완하기 어렵다면 다른 사람의 강점을 빌려 도움을 받을 수밖에 없었다.

강점에 집중해 그 강점을 더 크게 키우고, 약점은 외부의 도움을 받아 보완하는 방식은 주효했다. 약점에 얽매여 전전긍긍하는 대신 마음껏 강점을 발휘했다. 그 덕분에 보험 영업을 시작한 지 4년 만에 매출이 가장 뛰어난 이들에게 수여하는 연도상을 수상했고, 이후 보험 일을 그만둘 때까지 줄곧 그 자리를 지킬 수 있었다.

자신이 갖고 있는 강점보다 약점을 먼저 보는 경우가 적지 않다. 잘할 수 있는 것보다 잘하지 못하는 것, 취약한 것을 먼저 보고 보완하려 든다. 물론 약점은 보완해야 한다. 하지만 약점에 매달려 자신의 강점을 소홀히 한다면, 강점을 강점답게 키우지 못한다면 그처럼 어리석은 일도 없다. 우선 확실하게 자신의 강점을 계발해 경쟁력을 키운 다음 약점을 보완하는 것이 순서다.

약점을 보완하는 방법도 반드시 내부에서 나올 이유는 없다. 영어가 취약한 사람이 해외 바이어와 거래하기 위해 단기간에 영어를 배워 협상 테이블에 앉는다면 과연 좋은 결과가 나올까? 통역은 비즈니스 전문 통역사에게 부탁하고, 영어를 공부할 시간에 비즈니스를 성사시키기 위해 준비해야 할 것들에 집중하는 편이 더 효과적이다.

약점을 보완하는 것은 선택이다

약점은 노력하기에 따라 얼마든지 강점이 될 수 있다. 자신의 약점을 강점으로 발전시켜 성공한 이들도 많다. 나도 나의 가장 큰 약점인 컴퓨터를 열심히 배워 컴퓨터 도사가 될 수도 있었다. 컴퓨터를 잘 쓸 수 있는 능력을 겸비했더라면 보험 영업을 할 때 더 높이 비상할 수도 있었을 것이다.

물론 컴퓨터가 보험 영업을 그만두는 데 결정적인 역할을 한 것은 아니다. 40세에 삼성화재에 입사할 때만 해도 70세까지는 무리 없이 일할 수 있으리라 생각했다. 하지만 기대와는 달리 세상은 급변했다. 보험 영업을 시작한 지 몇 년이 채 되지 않아 은행 창구에서 직접 보험 상품을 판매하는 방카쉬랑스가 등장했다. 보험설계사들은 긴장할 수밖에 없었다. 아무 은행에서나 손쉽게 보험을 들 수 있다면 보험설계사의 입지가 좁아지는 것은 당연한 일이었다.

열심히 노력해도 시장 자체가 좁아지면 성장하는 데 한계가 있었다. 그래서 보험 영업을 하면서도 보험 외에 평생 할 수 있는 일이 없을까 고민했다.

일차적으로는 방카쉬랑스로 인해 보험시장이 급변한 것이 크게 작용했지만 컴맹이라는 약점도 다른 분야로 눈을 돌리게 하는 데 한몫했다. 세상은 빠르게 디지털화되는데 나는 여전히 아날로그 속에 살고 있었다. 보험 분야도 고객에 맞게 보험을 설계하고, 다양한 시뮬레이션을 통해 최적의 보험을 찾아내고 계약하는 일까지 컴퓨터로 처리하는 상황이 되었다. 컴퓨터 업무를 전담하는 비서가 있기는 하지만 점점 더 컴퓨터와 멀어지는 나 자신과 마주하기가 편치 않았다.

컴퓨터로 인한 스트레스를 받지 않으면서 즐겁게 일할 수 있고 그러면서도 비전이 밝은 일을 하고 싶었다. 보험 분야 자체는 비전이 밝지만 방카쉬랑스가 본격적으로 시행되면 보험설계사의 비전은 그리 밝다고 보기 어려웠다. 만약 방카쉬랑스가 도입되지 않고 디지털화만 가속화되는 상황이었다면 어떻게든 컴퓨터를 배웠을지도 모르겠다. 하지만 보험설계사의 입지가 좁아지는 상황에서 컴퓨터를 배우느라 스트레스를 받고 싶지 않았다.

약점을 보완하려면 강점을 계발하는 데 쏟는 노력의 몇 배를 투자해야 한다. 약점을 강점으로 발전시키려면 수십 배, 수백 배의 노력을 기울여야 할 수도 있다. 그렇게 해도 컴퓨터에 대한 능력을 타고난 사람을 따라가기에는 역부족이다. 음치가 아무리 노력해도 음악적인 능력을 타고난 사람을 이기기 어려운 것처럼 말이다.

약점을 보완하는 것은 선택이다. 반드시 약점을 강점으로 바꿀 필요는 더더욱 없다. 나는 약점을 보완하는 대신 강점을 더 발휘할 수 있는 일을 적극적으로 찾았고, 메리케이를 만났다. 메리케이는 내 기대를 저버리지 않았다. 컴퓨터를 잘 쓰지 못해도 일하는 데 전혀 불편하지 않고, 나만의 강점은 더 크게 발전했다.

강점은 강점대로 발전시키면서 약점을 보완할 수 있다면 최상이다. 두 마리 토끼를 다 잡을 수 없다면 강점에 집중하는 것이 현실적으로 바람직하다. 취미생활처럼 재미있게 즐기고 끝나는 것이라면 모르겠지만, 분명한 결과를 내야 하는 일이라면 더 더욱 그렇다.

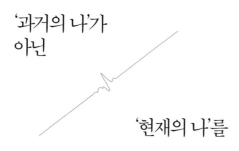

'과거의 나'가 아닌

'현재의 나'를

사람은 누구나 자신만의 역사를 갖고 있다. 어느 날 갑자기 하늘에서 뚝 떨어진 것이 아니기 때문에 태어나서 지금까지 살았던 '과거의 나'가 있고, 바로 이 순간을 사는 '현재의 나'도 있고, 앞으로 살아갈 '미래의 나'도 있다. 그 어떤 '나'도 다 소중하다. 설령 못마땅하더라도 부정하거나 미워해서는 안 된다.

하지만 내 안에 잠자고 있는 능력을 깨워 극대화시키고 싶다면 이야기는 달라진다. 과거의 나보다는 현재의 나, 오늘의 나를 먼저 봐야 한다. 많은 여성들이 자신의 숨은 능력을 깨워 주도적인 삶을 살고 싶어하면서도 도전하지 못하고, 도전했다가도 금방 무너진다. 자꾸 과거의 자신을 보기 때문이다. 용기 없는 자신, 시도하는 족족 실패하는 자신만 보기 때문에 의기소침해지는 것이다.

과거의 나는 이미 지나갔다. 돌이킬 수 없다. 자신의 의지로 컨트롤할 수 있는 자신은 현재와 미래의 자신뿐이다. 잠들어 있는 능력을 깨우고 싶다면 지나간 자신, 어쩔 수 없는 자신은 잊자. 그 시간에 오늘의 자신, 미래에 이루고 싶은 자신에게 집중해야 한다.

긍정이 '남다른 나'를 끌어올린다

'오늘의 나'는 '과거의 나'로부터 온다. 과거에 했던 생각, 행동, 노력이 차곡차곡 쌓여 오늘을 만든다. 과거의 자신은 여러 가지 모습을 갖고 있다. 스스로 생각해도 자랑스럽고 사랑스러운가 하면 감추고 싶은 부끄럽고 못난 자신도 존재한다.

많은 사람들이 과거의 자신 중 부정적인 모습을 먼저 본다. 주도적인 삶을 살고 싶어 용기를 내 메리케이를 찾은 이들 중에도 그런 경우가 많다.

"저는 지금까지 잘한다는 소리를 들은 적이 없어요. 평범하게 살았어요."

"나름 열심히 살았는데 복이 없어서 그런지 별로 좋은 일이 없었어요."

과거의 부정적인 자신을 보면 자신감이 떨어지기 마련이다. 애써 용기를 내 변화를 시도하려 하다가도 과거의 실패했던 경험을 생각하면 의기소침해질 수밖에 없다. 지금까지도 제대로 한 것이 없는데 과연 노력한다고 달라질 수 있을까 의심한다.

가슴 속에 꿈틀대는 능력은 스스로를 신뢰할 때 표출되기 쉽다. 과거의 자신은 못난 모습만 있는 것이 아니다. 분명 긍정적인 면도 있다. 다만 부정적인 면을 먼저 보는 바람에 긍정적인 요소가 보이지 않을 뿐이다.

자기도 모르는 사이에 부정적인 모습이 먼저 떠오른다는 사람들이 많지만, 그렇지 않다. 워낙 오랫동안 습관으로 굳어져 모를 뿐, 과거의 '긍정적인 나'와 '부정적인 나' 중 어떤 것을 끌어내는가는 선택이다.

'부정적인 나'는 자신 안에 있는 탁월한 능력까지 부정하게 만들지만 '긍정적인 나'는 그 능력이 수면 위로 부상하게 만든다. 습관적으로 부정적인 자신을 먼저 보던 사람들이라면 처음에는 긍정적인 자신을 먼저 보기가 쉽지 않다. 하지만 생각의 습관은 바꿀 수 있다. 아무리 작고 사소한 것이라도 긍정적인 자신을 찾아보자. 집안 청소를 깔끔하게 잘하는 나, 낭비하지 않고 알뜰살뜰하게 살림하는 나, 요리 잘하는 나를 비롯해 너무도 일상적이어서 잊고 있었던 긍정적인 자신을 많이 발견할 수 있을 것이다.

아무리 노력해도 과거의 긍정적인 자신을 찾지 못하겠다면? 걱정하지 않아도 된다. 과거는 말 그대로 이미 지나간 일이다. 돌이킬 수 없는 과거에 연연해할 필요가 없다. 지나간 자신을 잊고 오늘, 그리고 앞으로 다가올 미래의 자신을 긍정적으로 만드는 데 집중하는 것이 현명하다. 긍정적인 자신이 차지하는 비중이 많으면 많을수록 자신 안에 있는 능력이 표출되어 꽃을 피울 가능성도 커진다.

과거의 성공 경험이 독이 되기도

흔히 과거의 '부정적인 나'가 잠재력을 방해한다고 생각하지만 반드시 그런 것만은 아니다. 과거 훌륭한 성공을 경험했던 '긍정적인 나'도 때로는 또 다른 나의 숨은 능력을 끌어내는 데 걸림돌이 되기도 한다.

과거의 성공 경험은 자신감의 중요한 원천이다. 성공의 크기와 상관없이 목표를 세우고 열심히 노력해 성취한 경험이 있는 사람은 대부분 또 다른 성공을 이끌어내곤 한다. 노력하면 이룰 수 있다는 자신감도 성공의 경험이 클수록 비례해 커진다.

확실히 과거의 성공 경험은 인생을 살아가는 데 득이 되는 경우가 많다. 하지만 이 또한 크게 보면 이미 지나가버린 과거에 불과하다. 과거는 오늘과 미래를 더 긍정적이고 발전적인 모습으로 만드는 데 기여할 때만 의미가 있다. 아무리 긍정적인 과거라도 현재와 미래의 자신이 앞으로 뻗어나가는 데 걸림돌이 된다면 그에 연연해서는 안 된다.

과거의 자신이 괜찮았던 사람들 중에는 현재 자신의 모습을 인정하지 못하는 경우가 적지 않다. 불만족스러운 현재를 부정하고 과거에만 연연하다 보면 자신 안에 있는 또 다른 능력을 끌어내기 어렵다.

"그래도 내가 명문대 졸업생인데, 이런 일은 할 수 없어요."

"한때 크게 사업을 해 돈도 많이 벌었는데, 체면이 있지 아무 일이나 할 수는 없어요."

과거의 성공 경험이 오히려 발목을 잡아 현재에서 한 발도 앞으로 나가지 못하는 이들을 너무도 많이 봐왔다. 과거의 성공 경험은 너무도 달콤하고 유혹적이어서 끝내 과거에서 벗어나지 못하고 한때 잘 나가갔던 과거를 추억하며 일생을 허비하는 이들도 많다.

자신 안에 있는 무한한 잠능력을 최대한 끌어내고 싶다면 때로는 과거의 성공을 잊어야 한다. 과거부터 현재까지 이룬 성공에 미련을 두면 또 다른 능력을 만날 수 있는 기회를 잃어버릴 수 있기 때문이다.

과거의 훌륭했던 자신, 성공을 포기하고 다시 밑바닥부터 시작하기는 쉬운 일이 아니다. 성공의 경험이 크고, 그로써 현재가 괜찮으면 더 더욱 포기하기가 쉽지 않다. 하지만 포기하면 그때 비로소 새로운 능력이 기지개를 편다.

나를 아는 사람들은 내게 왜 잘 되는 보험 일을 그만두고 메리케이 일을 시작했는지 궁금해한다. 10년 동안 열심히 노력해 쌓아 올린 자리가 아깝지 않느냐고도 묻는다. 아깝지 않다. 보험을 계속 했더라면 정상의 자리를 유지할 수는 있었겠지만 시장 자체가 급변하는 상황이라 더 크게 성장하지는 못했을 것이다. 하지만 과감하게 그만둔 덕분에 영업 외에도 더 많은 능력을 계발할 수 있었다. 하나를 포기하는 대신 열을 얻은 셈이다.

집중력은

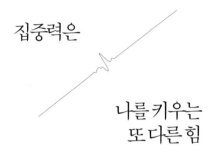

나를 키우는
또 다른 힘

내 안에 숨은 무한한 능력을 발견하는 일은 그 자체만으로도 짜릿하다. 전혀 예상하지 못했던 뜻밖의 능력을 찾으면 감동은 배가 된다. 하지만 진짜 시작은 지금부터다. 그 능력은 저절로 성장하지 않는다. 애써 찾은 능력을 더 크게 성장시키려면 집중력을 발휘해야 한다.

김연아 선수는 6살 때 피겨스케이팅에 남다른 능력이 있다는 것을 알았다. 천부적인 재능에 가까운 능력을 갖고 있었지만 그 오랜 세월 집중하고 노력하지 않았다면 과연 세계 최고로 성장할 수 있었을까?

그녀는 2010년 밴쿠버올림픽에서 금메달을 딸 때까지 매일 6시간 이상 강도 높은 연습을 했다고 한다. 피겨스케이팅은 체력 소모가 많은 운동이라 하루 6시간씩 운동하기가 쉽지 않다. 그럼에도 불구하고 고도의 집중력을 발휘해 시간과 노력을 아끼지 않은 덕분에 그녀 안에 있던 능력은 점점 더 성장했고, 마침내 오랫동안 꿈꾸었던 올림픽 금메달을 목에 걸 수 있었다.

열정과 능력은 집중력을 먹고 자란다. 얼마나 집중했는지에 따라 열정의 깊이와 능력의 크기가 결정된다고 해도 과언이 아니다. 집중하고 또 집중했을 때 비로소 자신만의 능력이 완성된다.

집중할수록 반드시 길이 열린다

나는 촉이 상당히 좋은 편이다. 절묘한 타이밍을 아주 잘 잡는다. 보험 영업을 할 때도 그랬고, 지금 메리케이에서 일하면서도 불현듯 어떤 고객에게 연락해야 할 것 같은 느낌이 올 때가 있다. 느낌이 오면 곧바로 전화한다. 그럴 때마다 상대방 중 상당수가 "알고 전화했어요? 소문 들은 거예요?"라며 깜짝 놀란다. 이런 나를 신기해하는 사람들이 많다.

사실 처음부터 촉이 발달한 것은 아니다. 영업을 시작한 이후 항상 안테나를 고객 쪽으로 세워두고 고객의 목소리를 놓치지 않으려고 노력했다. 온 신경을 고객에게 집중하다 보니 자연스럽게 촉이 발달한 듯하다.

촉은 일종의 영감이다. 영감은 요즘 시대가 요구하는 창의력의 원천이기도 하다. 창의력이 점점 더 중요해지면서 부모들은 아이의 창의력을 키워주기 위해 투자를 아끼지 않는다. 성인들도 마찬가지다. 일에서 좋은 결과를 내려면 남들이 하던 대로 똑같이 해서는 안 된다. 창의력을 발휘해 자신만의 독특한 경쟁력을 갖추었을 때 좋은 결과를 얻을 수 있다.

그렇다면 어떻게 해야 창의력을 발달시킬 수 있을까? 오감으로 느끼고, 낯선 환경을 접해보기도 하고, 다양하게 경험하면 창의력이 발달할 수 있다. 이 밖에도 수많은 사람들이 창의력을 계발할 수 있는 구체적인 방법을 제시했지만, 핵심은 집중력이다.

히트곡을 만든 작곡가들 중에는 영감이 떠올라 단숨에 그 곡을 썼다는 사람이 많다. 드라마 〈명성황후〉의 주제곡이자 조수미 씨가 불러 크게 히트했던 〈나 가거든〉을 작곡한 이경섭 씨도 그중 한 명이다. 심금을 울리는 이 곡을 작곡하는 데 걸린 시간은 고작 10분에 불과했다고 한다. 결과만 놓고 보면 별다른 노력 없이 그야말로 번뜩이는 영감으로 작곡한 것 같다. 하지만 그렇게 되기까지는 엄청나게 집중한 시간들이 있었다.

그는 곡을 의뢰받고 오랜 시간 영감을 얻지 못해 방황했다. 자나 깨나 곡 생각을 해도 스트레스만 쌓이고, 실마리가 풀리지 않아 작업실을 벗어나기 일쑤였다. 그러던 어느 날, 편안하게 휴식을 취하던 중 영감이 떠올랐고, 곧바로 곡을 쓸 수 있었다고 한다.

종종 영감은 엉뚱한 순간에 떠오른다. 몰두하고 있을 때는 떠오르지 않다 샤워를 할 때, 길을 걷다가, 다른 사람과 이야기를 나누다가 불쑥 나타난다. 그래서 많은 사람들이 영감이 갑자기 하늘에서 뚝 떨어지는 것으로 오해하기도 한다. 하지만 그 전에 수없이 생각하고 집중했던 시간들이 있었음을 잊어서는 안 된다. 그렇게 집중했던 시간들이 쌓이고 쌓여 어느 순간으로 이어지는 것이다.

창의력뿐만이 아니다. 모든 능력은 방법보다 집중이 중요하다. 자신이 가진 능력을 효과적으로 키우는 방법은 어쩌면 없을지도 모르겠다. 미련하다 싶을 정도로 요령 피우지 않고 집중할 때 그 능력은 극대화될 수 있다. 또한 집중하다 보면 어떻게 해야 할지도 저절로 알게 된다.

집중력을 높이려면 훈련이 답이다

집중은 몰입이다. 무언가에 온전히 집중한 상태에서는 주변이 시끄러워도 들리지 않고, 시간이 흐르는 것도 눈치 채지 못한다. 심지어 배고픔조차 느끼지 못한다. 그야말로 무아지경이다.

선천적으로 집중력이 좋은 사람도 있겠지만 대부분은 그렇지 못하다. 특히 요즘처럼 볼거리와 들을 거리가 많은 세상에서는 집중력이 흐트러지기 쉽다. 게다가 한때 한꺼번에 여러 일을 동시에 하는 멀티태스킹이 각광을 받으면서 현대인들의 집중력은 더욱 약해졌다.

다행히 집중력은 노력하면 얼마든지 좋아질 수 있다. 평소 스스로 집중력이 약하고 산만하다고 느껴지면 다음과 같이 해보자. 처음에는 3분만 아무 생각도, 아무것도 하지 말고 가만히 있자. 생각보다 3분은 긴 시간이다. 몇 초 지나지 않아 잡다한 생각들이 머릿속을 비집고 들어오고, 몸도 좀이 쑤시기 시작한다.

3분을 집중하는 데 성공했다면 그 다음에는 5분, 10분으로 조금씩 시간을 늘려본다. 이런 방법으로 집중하는 시간을 점점 늘릴 수 있다.

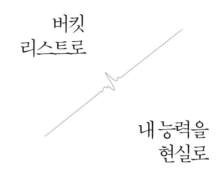

버킷
리스트로

내 능력을
현실로

'나만의 버킷리스트'를 갖고 있는가?

나는 버킷리스트를 좋아한다. 처음 시작할 때는 그것이 버킷리스트인지도 몰랐다. 내가 이루고 싶은 것을 생각날 때마다 하나씩 적곤 했다. 거창한 것이 아니더라도 갖고 싶은 것, 이루고 싶은 것을 적었다. 보험할 때부터 시작해 지금까지 버킷리스트를 작성하고, 틈틈이 들여다보면서 무엇을 이루고, 아직까지 이루지 못한 것은 무엇인지 보는 일은 나의 중요한 일과가 되었다.

죽기 전에 꼭 해보고 싶은 일과 보고 싶은 것들을 적은 목록인 버킷리스트는 살아있는 생명체와도 같다. 살다보면 끊임없이 새로운 욕구가 생긴다. 또한 버킷리스트 내용 중 일부는 열심히 사는 동안 자연스럽게 이루어져, 버킷리스트 내용은 조금씩 바뀔 수밖에 없다.

돌이켜보면 보험 영업을 하는 동안 62개의 버킷리스트를 이루었고, 메리케이에 입사해 지금까지 67개의 버킷리스트를 현실로 만들었다. 앞으로 꿈꾸고 이루어야 할 버킷리스트도 40여 가지가 넘는다. 그중에는 이미 상당 부분 진행된 것도 있고, 아직도 요원한 것들도 많다.

내가 버킷리스트를 좋아하는 이유는 분명하다. 버킷리스트는 내 안에 잠자고 있는 능력을 깨우고 극대화시키는 데 강력한 동기를 부여한다. 버킷리스트를 보면서 꿈을 키우고 노력하는 동안 나의 무한한 능력이 하나둘씩 현실이 되는 것을 확인했기 때문이다.

버킷리스트, 쓰면 이루어진다

누구나 욕구가 있고, 꿈이 있다. 그 자체가 버킷리스트는 아니다. 꼭 이루고 싶은 것을 구체적으로 글로 적었을 때 비로소 버킷리스트가 된다.

머릿속으로만 꿈꾸지 말고, 버킷리스트로 작성해야 할 이유가 있다. 이루고 싶은 것을 버킷리스트로 만들어 놓으면 그대로 이룰 확률이 높아지기 때문이다. 이와 관련된 흥미로운 연구 결과가 있다.

1985년 코넬대학에서 철학과 2학년 학생 35명을 대상으로 버킷리스트를 작성하고 15년 후의 삶을 살펴보았다. 결과는 무척 흥미로웠다. 1985년 당시 진지하게 버킷리스트를 작성했던 학생이 17명이었고, 나머지는 성의 없게 적거나, 그림을 그리거나, 아예 쓰지 않은 학생도 있었다. 15년 후 그들의 삶을 살펴보니 진지하게 버킷리스트를 작성했던 17명이 그렇지 않았던 학생들보다 사회적 지위도 높고 경제적으로도 풍요로운 삶을 살고 있었다. 삶에 대한 만족도도 버킷리스트를 작성했던 학생들이 압도적으로 높았다.

버킷리스트를 작성했던 학생들이 더 행복하고, 사회적으로도 더 성공한 삶을 산 것은 결코 우연이 아니다. 버킷리스트는 내가 무엇을 꿈꾸고 있는지 일깨워주는 역할을 한다. 머릿속으로만 생각할 때보다 글로 써 놓으면 아무래도 볼 때마다 꿈을 자꾸 생각하게 되고, 많이 생각하면 어떻게든 이룰 방법을 찾게 된다. 그런 과정에서 자기도 몰랐던 능력이 표출되는 것은 물론이다. 능력을 끌어내고 버킷리스트에 적어 놓았던 꿈을 실현하기 위해 노력하므로 그만큼 꿈을 이루기가 쉽다.

버킷리스트를 작성해본 적이 없다면 지금이라도 버킷리스트를 작성해보기 권한다. 버킷리스트를 작성하면서 자신이 원하는 것이 무엇인지 진지하게 되돌아볼 수 있고, 이루고 싶은 것이 있다는 것만으로도 삶에 활력이 생긴다. 버킷리스트에 쓴 꿈들을 하나씩 이루어가는 과정에서 나만의 능력을 끌어내어 발전시키고, 거기에 열정을 더해 더 크게 성장하는 자신을 만나보기 바란다.

버킷리스트, 이렇게 쓰면 더 좋다

버킷리스트를 작성하는 것은 어렵지 않다. 자신이 무엇을 원하는지, 무엇을 이루고 싶은지를 진지하게 생각하고 적으면 된다. 직업과 상관없이 어떤 품성을 지닌 사람이 되고 싶은지, 어떤 역할을 하고 싶은지도 버킷리스트에 올릴 수 있다. 설령 그것이 사소한 꿈이라도 상관없다.

버킷리스트에는 꿈의 크기는 중요하지 않다. 진심으로 원하고 있다면 그 자체로 버킷리스트에 오를 자격이 충분하다. 내 경우 아직 현재진행형이지만 오래전부터 '날씬한 몸매 만들기'가 버킷리스트에 올라와 있다. 평소 갖고 싶었던 명품이나 보석도 내 버킷리스트의 단골 메뉴다.

버킷리스트에는 특별한 형식이 없다. 하지만 버킷리스트가 좀 더 강력한 동기부여로 작용해 내 안에 숨은 능력을 끌어내주기를 바란다면 구체적으로 작성하고, 눈에 잘 보이는 곳에 붙여놓으면 좋다. 꿈의 내용도 구체적으로 쓰고, 가능하다면 언제까지 이룰지 기한을 명시하는 것도 나쁘지 않다.

물론 버킷리스트는 목표와는 비슷하면서도 달라 반드시 기한을 명시할 필요는 없다. 하지만 몇 년 안에 이루고 싶은 것, 10년 후에 이루고 싶은 것, 평생에 걸쳐 이루고 싶은 것 정도로 구분해놓으면 버킷리스트를 좀 더 속도감 있게 현실로 만들 수 있다.

버킷리스트를 끊임없이 업데이트하는 것도 중요하다. 이미 이룬 꿈은 지우고, 새로운 꿈으로 업데이트하다 보면 자연스럽게 나를 성장시킬 수 있다.

서영순의 버킷리스트
(2014년 11월 기준)

1. 500명을 리더로 개발
2. 70평대의 이탈리아풍 집 갖기
3. 성지순례
4. 러시아 여행
5. 영국 여행
6. 백악관 방문
7. 독일 뮌헨 여행
8. 영어 공부
9. 컴퓨터 배우기
10. 10년 젊어지는 피부 만들기
11. 날씬한 몸매 만들기
12. 내 성공 스토리를 강연하는 사람 되기
13. 비서 채용
14. 50평 규모의 비즈니스 사무실 갖기
15. 건강한 시력 만들기
16. 개척교회 20곳 지원하기
17. 해외아동 300명 지원
18. 캄보디아에 학교 짓기
19. 필리핀 선교
20. 세계에서 가장 비싼 차량 갖기
21. 1년 4회 세계 여행
22. 명품 핸드백 사기
23. 명품 옷 사기
24. 명품 선글라스 사기
25. 1년에 50권 읽기
26. 다이아몬드 반지 20개 갖기
27. 뮤지컬 관람
28. 나를 이해해주고 대화가 통화는 친구
   3명 만들기
29. 가정상담가 되기
30. 감성코치 되기
31. 실크로드 가기
32. 매년 가족여행하기
33. 운동
34. 10킬로그램 감량
35. 캄보디아 선교
36. 현금 10억 원 갖기
37. 자서전 쓰기
38. 영어 배워 영어로 강연하기
39. 로렉스 시계 갖기
40. 멘토인 김성주 CEO 만나기
41. 방송 출연

She's got a dream there not stuff

True life is lived when tiny changes occur
작은 변화가 일어날 때 진정한 삶을 살게 된다

2

오늘이
마지막 날인 것처럼

실적을 많이 올리려 하지 말고
꿈의 크기를 키워야 한다
꿈을 크게 꾸고 노력할수록
이익의 크기도 달라지기 때문이다

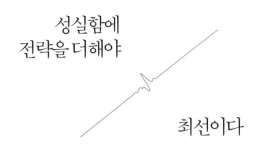

성실함에
전략을 더해야

최선이다

보통은 직접 차를 운전하지만 불가피한 경우 가끔 택시를 이용할 때가 있다. 택시를 타면 기사님들과 이런저런 이야기를 즐기며 질문도 자주 하는 편이다.

"지금 삶에 만족하세요? 행복하세요?"

좀 뜬금없고, 처음 만난 사람에게 하기는 어려운 질문일 수도 있지만 진심을 담아 묻곤 한다. 돌아오는 대답은 대부분 한결같다.

"글쎄요, 나름 최선을 다해 열심히 살았는데 그리 만족스럽지는 않네요."

그들뿐만이 아니다. 많은 사람들이 열심히, 성실하게 살았는데 만족스럽지 않다고 말한다. 만족스럽지 않다는 것은 꿈꾸고 목표했던 것과는 다른 삶을 살고 있다는 의미일 것이다.

모든 꿈과 목표를 이루는 기본적인 원동력은 성실함이다. 그런데 왜 최선을 다해 열심히 살았는데도 행복하지 않을까? 성실함만으로는 꿈과 목표를 이루기가 어렵기 때문이다. 전략이 필요하다. 무조건 성실하게, 열심히 일하는 것이 아니라 전략을 세우고 치밀하게 움직일 때 꿈과 목표를 이룰 확률이 높아진다.

전략 없는 최선은 자기 위안일 뿐

사람들은 흔히 "최선을 다했으니 후회는 없다"고 말한다. 물론 최선을 다했다고 목표했던 모든 것을 다 이루기는 어렵다. 불가항력적인 요인으로 인해 최선을 다했어도 목표했던 것을 이루지 못하는 경우도 많다. 그렇다면 과연 최선은 뭘까? 무조건 열심히 했다고, 최선을 다했다고 말할 수 있을까?

내가 생각하는 최선은 더이상 해볼 것이 없을 정도로, 할 수 있는 모든 일을 온 정성을 다하는 것이다. 사실 그렇게 최선을 다하면 웬만한 목표는 다 이룬다. 그런데도 불구하고 많은 사람들이 적당히 열심히 하고, 최선을 다했다고 말하면서 스스로를 위안한다.

자신 있게 최선을 다했다고 말할 수 있으려면 전략이 있어야 한다. 순천에서 미에로화이바 대리점을 할 때의 일이다. 그 전에 동생과 웨딩드레스숍을 하기는 했지만 실무는 동생이 도맡아 했기 때문에 대리점이 내가 본격적으로 일을 시작한 출발점이라고 할 수 있다.

대리점은 우연히 맡게 되었다. 대리점을 떠맡으면서 급하게 직원을 구하고 일을 시작했다. 가족들은 걱정이 많았다. 그 당시만 해도 여성이 영업을 하고 대리점을 운영하기 어렵다는 편견도 있었고, 무엇보다 힘을 써야 하는 일이 많았다. 주문한 음료수를 배달하려면 하루에도 수없이 박스를 날라야 했는데, 미에로화이바 한 박스 무게가 25킬로그램이었다. 원래부터 허리가 좋지 않았던 내가 25킬로그램 박스를 시도 때도 없이 나르기란 쉽지 않은 일이었다. 그래도 무거운 박스를 들어 올리는 요령을 배워 직접 박스를 날랐다.

대리점을 시작한 지 3개월 만에 매출은 최고 정점을 찍었다. 음료수 대리점은 지역 제한이 있다. 지금 순천시는 인구가 30만 명에 이르지만 당시만 해도 11만 명에 불과한 작은 도시였다. 그런 곳에서 3개월 만에 전국 대리점들 중 매출이 가장 많은 곳으로 부상했다. 미에로화이바를 생산하는 현대약품에서도 전무후무한 일이라며, 어떻게 단기간에 놀라운 매출을 기록할 수 있었는지 성공 비결을 다른 대리점 사장님들에게 알려주기를 부탁했다.

기본적으로 나는 성실하고 부지런한 사람이다. 언제나 부지런히 움직였다. 그런 성실함이 대리점을 정상의 반열에 올려놓는 데 큰 도움이 된 것은 분명하다. 하지만 성실함에는 전략이 깔려 있었다. 어떻게 하면 제품을 많이 팔 수 있을까를 고민하면서 나만의 전략을 만든 것이 주효했다.

전략의 기본은 제품을 소비자들의 눈에 많이 띄게 하는 것이었다. 눈에 많이 띄면 그만큼 많이 찾으리라 생각했다. 어찌 보면 지극히 단순한 전략처럼 보이지만 눈에 많이 띄게 하려면 해야 할 일이 많았다.

우선 판매할 수 있는 거래처를 확보해야 했다. 일차 고객인 마트 사장님들을 설득하기는 쉽지 않았다. 미에로화이바 가격이 다른 음료수에 비해 비싸 부담스러워했다. 그때 오히려 그 점을 역이용했다. 제품의 성분을 정확하게 파악하고 몸에 얼마나 유익한지를 공부해 마트 사장님들께 설명했다. 가격은 조금 비싸더라도 제품이 우수하니 건강을 생각하는 고객들이 분명히 좋아하리라고 설득했다. 또한 품질 좋은 고급 제품을 팔면 그만큼 마트의 품격도 올라간다고 강조했다.

제품의 우수성을 홍보해 거래처가 확보되면 제일 먼저 마트를 방문했다. 대형 마트는 자체적으로 진열하지만 그때만 해도 작은 마트들은 제품을 공급하는 쪽에서 직접 진열하는 경우가 많았다. 사람들은 눈에 보이면 집는다. 그래서 아침 일찍 마트로 가서, 미에로화이바를 사람들의 눈에 띄는 곳에 예쁘게 진열하는 것으로 하루를 시작했다.

더 많이 눈에 띄게 하려면 마트만으로는 부족했다. 보통 음료수는 마트에만 들어가는 것으로 생각한다. 그런 고정관념을 깼다. 버스정류장 옆 담배 파는 가게와 동네 가게에도 납품했다. 뿐만 아니라 커피숍, 노래방, 단란주점, 하다못해 세탁소, 안경점과 옷가게까지 넣을 수 있는 곳에는 다 넣었다. 이런 서비스 업종에서는 미에로화이바를 판매용이 아닌 서비스용으로 제공하곤 했는데, 보통 70원짜리 야쿠르트 하나 주던 시절에 무려 다섯 배가 넘는 380원짜리 미에로화이바를 사게 한 것이다.

이런 노력 덕분에 고정 거래처 하나 없이 시작해 503곳의 고정 거래처를 확보할 수 있었다.

'미에로화이바 병이 발길에 차이도록 하자'는 것도 전략의 하나였다. 지금은 엄두도 못 낼 일이지만, 그때는 분리수거라는 개념도 없었고, 쓰레기도 아무데나 버리던 시절이었다. 길을 걷다 보면 미에로화이바 빈병이 보였다. 빈병은 그 자체로 훌륭한 홍보 역할을 한다. 빈병이 많이 보이면 모르던 사람도 관심을 갖게 된다. 그래서 한 사람이라도 더 눈에 띄도록 의도적으로 길거리에 미에로화이바 빈병들을 버렸다.

　구체적인 전략 하에 열심히 하는 것과 막연히 열심히 했을 때의 결과는 크게 달라진다. 나뿐만 아니라 당시 미에로화이바 대리점 사장님들은 모두 최선을 다했을 것이다. 자기 돈을 투자한 일이기에 최선을 다하지 않을 이유가 없다. 그런데도 나처럼 큰 수익을 올린 경우가 있는가 하면 현상유지도 하지 못하고 문을 닫은 대리점들도 있다. 투자한 자금을 모두 날리고 최선을 다했다고 스스로를 위로한들 그 위로가 얼마나 의미 있을지 의문이다.

목표가 분명하면 전략도 분명하다

"무조건 열심히 하지 말고, 전략을 세우고 최선을 다하세요."

　이렇게 말하면 대부분 난감해한다. 전략을 대단하고 거창한 것으로 생각하기 때문이다. 하지만 어렵게 생각할 필요 없다. 내가 말하는 전략이란 목표에 좀 더 빨리 도달하기 위한 구체적인 계획 같은 것이다. 그 계획은 목표가 분명하면 관련 지식과 경험이 없더라도 얼마든지 나올 수 있다.

　미에로화이바 대리점을 운영할 때 도움을 받을 만한 사람이 한 명도 없었다. 어떻게 해야 대리점을 성공시킬 수 있는지 아무도 가르쳐주지 않았지만 내 스스로 방법을 찾았다. 사업 목표는 분명하다. 시작했다면 수익을 내는 것이 당연하다. 어떻게 하면 많이 팔아 수익을 낼까 고민에 고민을 거듭하면서 세운 전략이 '눈에 많이 띄게 하는 것'이었다. 그렇다면 또 어떻게 해야 눈에 많이 띄게 할 수 있을까를 고민하니 세부적인 전략도 자연스럽게 나왔다.

보험 영업을 할 때는 부유한 이들보다 경제적으로 넉넉지 못한 사람들을 돕겠다는 목표로 일했다. 보험은 만약에 일어날 수 있는 위험에 대비할 수 있는 일종의 안전장치다. 부유한 이들은 불의의 사고를 당해도 자체적으로 얼마든지 일어설 수 있는 경제적인 능력이 있다. 하지만 어려운 사람들은 예기치 못한 사고가 생기면 삶이 완전히 무너질 가능성이 크다. 그 때문에 돈이 없을수록 보험에 들어야 한다고 생각했고, 이런 생각은 고스란히 보험 영업을 할 때의 핵심 전략이 되었다.

어려운 사람들을 주로 만나다 보니 정상에 오르는 데 시간이 걸렸다. 처음부터 부유한 사람들을 주로 찾아다녔다면 더 빨리 정상에 올랐을지도 모른다. 그렇지만 그들은 굳이 내가 돕지 않아도 주변에서 도와줄 사람들도 많고, 알아서 잘산다. 그들보다는 정말 보험을 필요로 하는 사람들 옆에 가까이 있고 싶었다.

당장 생활하기도 빠듯한 사람들에게 보험 영업을 하기는 쉽지 않았다. 그때마다 왜 한 끼를 굶더라도 보험을 들어야 하는지를 설명했다.

"한 달에 100만 원 저축하려면 허리띠를 졸라매야 합니다. 그런데도 미래를 위해 100만 원을 저축하는 사람들이 많습니다. 1년이면 1,200만 원이고 여기에 이자가 좀 더 붙겠지요. 정말 피 같은 돈인데 사고가 나면 어떻게 될까요? 1,200만 원은 말할 것도 없고 집까지 없어질 수 있습니다. 이런 위험에 대비하는 것이 보험입니다. 월 3만 원씩만 내면 사고가 나도 다 해결하고 오히려 돈이 남는데, 100만 원 저축하면서 3만 원을 아낄 필요가 있을까요?"

무조건 보험을 들라고 권유하는 대신 왜 보험이 필요한지 리스크 컨설팅을 하면 대부분 수긍하고 선선히 보험을 들었다. '돈이 없을수록 보험을 들어야 한다'는 것이 전략에 바탕에 깔린 기본 철학이라면, 왜 보험을 들어야 하는지를 설명하는 것은 전략을 구체화하는 방법이었다.

만약 목표가 부유한 사람들을 공략해 보험을 가입하게 하는 것이었다면 전략도 달라져야 마땅하다. 그들은 리스크 관리보다 재산을 더 증식하는 데 관심이 많다. 그들에게 '돈이 없을수록 보험을 들어야 한다'는 전략은 힘을 발휘하지 못한다. 재산을 안전하게 관리하고 더 많은 부를 축적할 수 있게 돕는 전략이 훨씬 유효할 것이다.

전략은 목표로부터 나온다. 목표가 구체적일수록 전략도 구체화된다. 그만큼 목표를 이룰 가능성도 커지는 것은 두말할 필요도 없다.

하루하루의
기록이

미래를
만든다

일을 시작한 후 지난 25년 동안 단 하루도 거르지 않고 다이어리를 썼다. 사실 기록하는 습관은 어렸을 때부터 있었다. 결혼하기 전에는 일기를 즐겨 썼고, 결혼 후 전업주부일 때는 가계부를 열심히 썼다. 그랬기에 일을 시작하면서 누가 시키지도 않았는데 자연스럽게 다이어리를 쓸 수 있었던 것 같다.

다이어리는 매일매일 하는 자기와의 약속이자 하루를 어떻게 살았는지 돌아볼 수 있는 기록물이다. 자신과의 약속도 없이 되는 대로 살 때와 미리 오늘 무엇을 할지를 계획하고 하루를 시작하는 것은 차이가 확연하다. 오늘 하루만 보면 큰 차이가 없을 것 같지만 미래는 오늘 이 순간순간들이 쌓이고 쌓여 만들어진다. 그래서 오늘이 중요하다. 최선을 다해 오늘 이 순간을 열심히 살려고 노력할 때 비로소 장밋빛 미래가 열릴 수 있다.

중요한 일 여섯 가지를 적고 실행하라

다이어리와 일기를 동일시하는 이들도 있지만, 개인적으로 다이어리와 일기는 다르다. 다이어리가 주로 일정을 관리하는 것이라면, 일기는 하루 동안에 일어난 일을 기록하는 것이다. 다이어리가 미리 하루를 계획하는 역할을 한다면 일기는 지난 하루를 돌아보는 데 더 비중을 둔다.

매 순간 최선을 다해 살려면 미리 계획하는 것 못지않게 지난 시간을 돌아보고 점검하는 것도 중요하다. 지난 시간을 돌아보고 내일을 계획하는 일은 동전의 양면과도 같다. 지난 하루를 돌아보고 점검하면 자연스럽게 내일 할 일이 나온다. 또한 내일 할 일을 미리 계획하면 과연 계획했던 대로 하루를 보냈는지 구체적으로 점검할 수 있다.

나는 매일 저녁 집에 들어가면 다이어리를 본다. 옷을 갈아입고 식사를 한 후 다이어리를 보는 시간이 제일 편하고 행복하다. 다이어리를 통해 나의 어제, 오늘, 내일을 다 볼 수 있기 때문이다. 다이어리를 보면서 오늘 무슨 일이 있었는지, 누구를 만났는지, 오늘 만난 사람들과의 관계를 어떻게 발전시킬지를 생각한다. 그렇게 다이어리를 보다 보면 내일 무엇을 할 것인가는 저절로 나온다.

내일 해야 할 일을 적을 때는 중요한 일부터 적는 게 기본이다. 내 경우 다이어리를 점검하다 보면 내일 해야 할 일이 여덟 가지 정도 나오는데, 나와 같을 필요는 없다. 계획은 실행했을 때 의미가 있다. 무리하게 할 일을 많이 계획하고 실행하지 못하는 것보다는 적더라도 할 수 있을 만큼 계획하는 것이 중요하다. 하루에 한 가지씩이라도 계획하고 실행하면 좋다. 하지만 좀 더 빨리, 크게 성장하고 싶다면 가능한 한 여섯 가지는 적고 실행하기를 권한다.

　어쩌면 처음에는 꼭 해야 할 중요한 일이 여섯 가지가 안 될 수 있다. 그렇다면 덜 중요하다고 생각되는 일까지 목록에 적어도 괜찮다. 반대로 중요하다고 생각되는 일이 너무 많으면 욕심 부리지 말고 일의 우선순위를 정해 여섯 가지로 제한해보도록 하자. 일의 우선순위를 정하는 가장 일반적인 방법은 중요도와 긴급함을 고려하는 것이다. 이를 'ABCD 시간분석'이라고 하는데, 중요도와 긴급함을 따져 일을 다음과 같이 A, B, C, D 네 등급으로 구분한다.

　A등급 : 중요하면서 긴급한 일
　B등급 : 중요하지만 긴급하지 않은 일
　C등급 : 중요하지 않으면서 긴급한 일
　D등급 : 중요하지도 긴급하지도 않은 일

　일의 우선순위는 A, B, C, D 순으로 정해야 한다. 보통 A등급인 중요하면서도 긴급한 일을 먼저 해야 한다는 것에는 이견이 없지만, B등급보다는 C등급의 일을 먼저 하는 사람들이 많다. 미리 중요도와 긴급함을 고려해 우선순위를 정해놓으면 중요하지 않은 일에 시간을 많이 투자해 황금 같은 시간을 낭비할 염려가 없다.

　하루에 중요한 일 여섯 가지를 실행하기란 쉬운 일이 아니다. 계획한 일을 모두 하려면 시간을 잘 활용해야 한다. 시간은 모두에게 공평하다. 누구든 하루에 쓸 수 있는 시간은 24시간이다. 나는 일을 시작하면서 시간을 효율적으로 쓰려고 애썼다. 불필요한 시간은 최소로 줄이려고 했다. 집도 그런 이유에서다. 보험을 할 때도 그렇고, 메리케이에서 일하는 지금도 회사와 가까운 곳에 집을 마련했다. 덕분에 출퇴근 시간을 고스란히 일하는 데 집중할 수 있었다.

호트러지지 않으려는 노력 역시 멈추지 않았다. 메리케이에는 출근 시간이 따로 없다. 그럼에도 나는 스스로 정한 시각에 사무실로 출근한다. 매일 8시 57분에 사무실에 도착해 하루를 시작할 준비를 한다. 일정도 점검하고, 가장 밝고 행복한 얼굴로 사람들을 만나기 위해 마인드도 정비한다. 그런 다음 10시부터 본격적으로 업무에 돌입한다.

점심식사 약속이 없는 날에는 집에서 점심을 먹는데, 외출복을 입은 채로 식사한다. 바깥에서 점심을 먹으면 나른해져 자칫 오후 일정에 차질이 생길까 걱정스러워서다. 점심시간도 30분으로 정해놓고, 그 시간이 지나면 어김없이 자리에서 일어난다. 그렇게 시간을 쪼개 알뜰하게 쓰려고 노력한 덕분에 25년 동안 계획했던 일을 대부분 해낼 수 있었다.

때로는 일정을 고쳐야 할 순간이 온다

계획한 일정은 모두 소화하는 것이 원칙이다. 힘들어도 스스로 계획한 일정을 다 마쳤을 때의 성취감은 하루의 피로를 모두 씻어주고도 남을 정도로 크다. 하지만 아무리 일정을 철저하게 관리해도 불가피하게 다 지키지 못할 때가 있다.

영업은 사람을 만나는 일이 주된 업무다. 하루에 여섯 가지 일을 계획했다면 여섯 가지 모두 사람을 만나는 일일 가능성이 크다. 사람을 만나는 일에는 변수가 많다. 내가 약속시간을 엄수했더라도 상대방의 스케줄이 어긋나 시간이 지연되거나 예상했던 것보다 시간이 많이 지날 수 있다. 예기치 못한 변수로 남은 일정을 도저히 소화하기 어렵다면 빨리 일정을 수정하는 것도 좋은 방법이다.

처음에는 일정을 수정할 생각조차 하지 못했다. 계획한 일은 어떻게든 다 해야 한다고 생각했고, 다 못 하면 잠도 오지 않고 화가 났다. 왜 하지 못했을까 자책하기도 했다. 그러다 보니 일정을 소화하지 못할 때마다 자책감이 커졌고, 그만큼 자신감도 떨어졌다.

시간 관리를 제대로 하지 못하거나 게으름을 피워 일정을 다 소화하지 못했다면 그런 자신을 단호하게 꾸짖어야 한다. 하지만 불가피한 경우라면 이야기는 달라진다.

영업을 하는 사람들에게는 고객이 갑이다. 내가 하고 싶은 이야기만 일방적으로 쏟아놓고 헤어질 대상이 아니다. 내 말보다는 상대방의 이야기에 귀를 기울이고 고객이 무엇을 원하는지를 알아야 한다. 그런데 일정을 계획하면서 예상했던 시간이 지났다고 고객의 이야기가 끝나지도 않았는데 자리를 박차고 일어날 수는 없는 노릇이다. 이런 경우라면 조금은 마음 편하게 이후의 일정을 수정해도 좋다. 남은 일정을 살펴보고 반드시 처리해야 할 일정과 그렇지 않은 것을 구분하고, 스케줄을 재조정하는 것이 현명하다.

일정을 수정하면 집으로 돌아갈 때의 발걸음이 가볍다. 해야 할 일을 다 하지 못했다고 자책할 일도 없다. 비록 중간에 일정이 달라지기는 했지만 수정한 일정은 다 소화한 것이니 성취감도 생긴다. 개인적인 경험으로는 일정을 수정하지 않고 자책하는 편보다는 상황에 맞게 일정을 수정하고 성취감을 느끼는 것이 지치지 않고 재미있게 일하는 데 도움이 되었다.

불가피하게 일정을 수정하는 경험을 하면서 일의 우선순위를 정하는 데 더욱 신경 썼다. 만에 하나 계획한 일정을 다 소화할 수 없다면 상대적으로 중요하지 않은 일부터 포기해야 하므로 말이다. 그러면서 중요한 일부터 하는 습관은 더욱 굳어졌고, 일정관리를 통해 얻을 수 있는 성취감도 커질 수 있었다.

기록은 기억 속에 존재한다

매일 기록하는 습관은 일정관리뿐만 아니라 고객들을 감동시키는 데도 큰 도움이 되었다. 나는 다이어리를 수시로 들여다본다. 기록하는 것으로 그치지 않고 시간 날 때마다 들여다보니 언제 누구를 만났는지 쉽게 기억한다.

기억은 사람들을 감동시키는 강력한 무기가 된다. 한 번 본 사람을 기억하기란 쉬운 일이 아니다. 그것도 오래 전에 본 경우라면 더 더욱 그렇다. 하지만 나는 기록하고 자주 들여다본 덕분에 정확하게 기억해낸다.

"안녕하세요? 4월 15일 ○○에서 만났는데, 저 기억하세요?"

보통은 한 번 만나고 한참 후에 다시 만나면 아는 사람인지 아닌지 헷갈리기 마련인데, 정확하게 언제 어디서 만났다고 기억하면 대부분 깜짝 놀란다.

"어머! 어떻게 한 번 만났는데, 기억하고 계시네요!"

나로선 기억하는 게 당연하지만 그들은 그 당연한 일로 감동한다. 기억해주는 것만으로도 특별한 대접을 받았다고 느낀다. 그렇게 감동받은 사람들은 거의 대부분 기꺼이 고객이 되어준다.

기록은 정확한 타이밍을 잡는 데도 크게 기여한다. 어떤 일을 하더라도 타이밍이 중요하다. 아이스크림을 먹고 싶어하는 사람에게 아이스크림을 내밀면 십중팔구 아이스크림을 잡는다. 반면에 이미 아이스크림을 잔뜩 먹어 물려 있는 사람에게 아이스크림을 자꾸 내밀면 좋은 소리 듣기 어렵다. 상대방이 필요로 하는 그 시점을 맞추어야만 좋은 결과를 얻을 수 있다.

보험 중 타이밍이 특히 중요한 분야가 자동차보험이다. 자동차보험은 1년에 한 번 가입할 수 있는 보험 상품이기 때문에 타이밍을 놓치면 안 된다. 타이밍을 놓치면 꼼짝없이 다음해까지 기다려야 한다. 하루 일정을 모두 기록해둔 나는 타이밍을 놓칠 염려가 없었다. 자동차보험의 경우 고객별로 몇 월에 갱신해야 하는지까지 별도로 기록해두고 들여다본 덕분에 한 번도 고객을 놓친 적이 없다.

메리케이에서도 마찬가지다. 어떤 고객이 언제 어떤 제품을 구매했는지 내 다이어리에 기록되어 있기 때문에 고객이 언제 제품을 다시 필요로 할지 예측할 수 있다. 고객별로 제품을 사용하는 주기도 조금씩 다른데, 그런 것까지 세심하게 고려해 타이밍을 잡으면 백발백중이다.

나는 원래 기억력이 좋은 편이다. 기록하지 않아도 웬만한 일들은 오래 전이어도 비교적 선명하게 기억하는 편이다. 그럼에도 불구하고 기록을 게을리 하지 않는다. 기록은 기억을 더욱 또렷하게 만들기 때문이다. 그래서 더욱 열심히 기록하는데, 지금껏 기록한 내용이 노트 수십 권에 달한다. 보험 영업을 할 때 썼던 노트가 12권이고, 메리케이에서 일하는 지금도 매년 한 권씩 쓰고 있다. 그 모든 기록은 고스란히 내 기억 속에 존재하면서 나를 성장시키는 에너지원이 되고 있다.

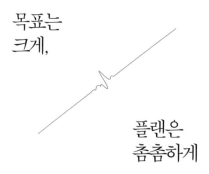

목표는 크게,

플랜은 촘촘하게

반드시 확신이 서야만 일을 시작할 수 있는 것은 아니다. 판단이 잘 서지 않을 때는 일단 시작해보는 것도 좋다. 머릿속으로 생각만 하지 말고 시작해보면 과연 그 일이 자신에게 맞는지, 잘할 수 있는 일인지 확실하게 알 수 있다.

메리케이에서도 그렇다. 일단 시작해보겠다는 여성들이 많다. 메리케이의 문은 언제나 활짝 열려 있다. 누구든 마음만 먹으면 일을 할 수 있는데, 자신이 없어 일단 시작해보고 판단하겠다는 이들이 적지 않다. 어떤 형태로든 시작은 의미가 있다. 일단 시작해보고 자신감을 얻은 다음 작은 목표를 세우고 하나씩 성취하는 것도 좋다.

하지만 크게 성장하려면 처음부터 목표를 크게 설정해야 한다. 작은 목표를 세우고 한 단계씩 목표를 상향 조정할 때보다 처음부터 목표를 높게 잡고 움직일 때는 결과가 확연히 다르기 때문이다.

86

당신이 이루어야 할 끝은 '꿈'이다

나는 무언가를 하겠다고 결정한 순간 목표를 크게 세운다. 보험 영업을 할 때도 그랬고, 메리케이에서 일을 시작할 때도 그랬다. 결정은 꽤 신중하게 하는 편이다. 보험 영업에 관심을 갖고 내 발로 삼성화재를 찾아가 입사지원서를 쓰는 데 1시간이 걸렸다. 아무도 내게 보험 영업을 권유하지 않았다. 스스로 생각하고 판단했음에도 불구하고 고작 한 장짜리 입사지원서를 쓰기가 너무나 힘들었다. 이름 석 자를 쓰니 생각이 많아졌기 때문이다. 일단 시작하면 끝까지 잘해야 하는데 과연 잘할 수 있을지, 어떻게 계획을 세우고 일해야 할지 머릿속이 복잡해졌다. 생각을 정리하면서 쓰다 보니 1시간이 훌쩍 지나버렸다.

시작은 신중하지만 일단 결정을 굳히면 목표를 크게 세우고 그에 집중했다. 보험 영업을 할 때는 보험왕을 목표로, 메리케이에서는 NSD를 목표로 삼고 일을 시작했다. National Sales Director의 약자인 NSD는 메리케이에서 열심히 일했을 때 올라갈 수 있는 최고의 자리다.

목표를 크게 잡으면 그만큼 목표를 이루기가 어렵다. 어떤 사람들은 목표를 자기 능력에 맞지 않게 너무 높게 잡으면 목표를 달성하기도 전에 지쳐 포기하기 쉬우므로 현실적인 목표를 세워야 한다고 말하기도 한다. 그렇게 생각할 수도 있지만 원대한 목표는 꿈과도 같다. 하루 이틀 노력해서 쉽게 이룰 수 있는 꿈은 없다.

어쩌면 평생 노력해도 이룰 수 없는 게 꿈이다. 하지만 꿈은 삶의 방향을 알려주고, 열심히 살 수 있는 원동력이다. 분명한 꿈이 있으면 꿈을 이루기 위해 무엇을 해야 하는지 저절로 알게 되고, 힘들고 어려운 일도 이겨낼 수 있다. 원대한 목표도 꿈처럼 그 자체로 일을 하는 데 중요한 에너지원이 된다. 새로운 일을 하느라 낯설고 힘들어도 이루어야 할 원대한 목표가 있으면 다시 마음을 추스르고 목표를 향해 갈 수 있다.

이룰 수 없기 때문에 꿈이라고 말하는 이들도 있지만, 간절하게 원하고 노력해 이룰 수 없는 꿈은 없다. 목표도 그렇다. 목표를 높게 잡으면 처음에는 그 목표를 달성할 수 있을지 걱정하기 마련이다. 현재 자신의 능력만을 생각한다면 불가능한 목표처럼 보일 수 있다. 하지만 원대한 목표를 세우고 열심히 노력하다 보면 능력도 점점 커진다. 그렇게 조금씩 성장하며 꾸준히 이어가다 보면 까마득히 높은 곳에 있던 목표도 어느새 눈앞의 일이 된다.

설령 목표를 이루지 못했더라도 원대한 목표를 세우고 노력하는 동안 얻는 것은 의외로 많다. 나는 지금 식스팩 만들기에 도전하고 있다. 현실적으로 불가능한 목표다. 젊은 남성들도 식스팩을 만들려면 극한의 관리를 해야 한다. 먹고 싶은 것 절제하고 꾸준히 운동해 겨우 만들었어도 일주일만 운동을 게을리 하면 그 즉시 풀어지는 것이 식스팩이란다. 더구나 여성은 체질적으로 식스팩을 만들기가 힘든데, 60대인 내게는 더 더욱 불가능한 일이다.

그럼에도 불구하고 나는 그 일에 도전하고 있다. 사장님을 비롯한 주변 사람들은 "무리하지 마세요. 그거 없어도 멋지십니다"라며 만류하지만 계속할 작정이다. 이룰 수 없는 목표라는 것을 인정하면서도 식스팩이 만들어진 몸을 상상하며 운동하니 더 즐겁기 때문이다. 조급함도 없어졌다. 사실 처음에는 살을 빼기 위해 운동을 시작했다. 지극히 현실적인 목표로 운동을 하다 보니 결과를 빨리 보고 싶은 욕심이 생겨 조급해졌다. 고작 한 달이 채 안 되었는데도 살이 300그램밖에 빠지지 않았다며 실망했다.

불가능해 보일 정도로 큰 목표를 세운 다음에는 좀 느긋해졌다. 모두가 불가능하다고 말하니 목표를 이루는 기간도 아주 길게 잡고 운동도 더 열심히 하게 되었다. 느긋하게 운동을 즐기면서 살도 많이 빠지고 건강해졌다. 더 오랫동안 노력해도 결국 식스팩을 만들지 못할 수도 있지만, 날씬한 몸과 건강 두 마리의 토끼를 잡을 수 있다면 그것만으로도 원대한 목표를 세운 보람은 충분하다.

실행 플랜이 촘촘하면 꿈도 가깝다

실행 플랜이 없는 목표는 종이호랑이와도 같다. 목표는 그냥 이루어지지 않는다. 설정하고 달성하는 데 필요한 실행 플랜을 짜고 실천해야 비로소 달성할 수 있다.

실행 플랜은 목표를 달성할 가능성을 높여주는 중요한 도구다. 실행 플랜 없이 바로 실행할 수도 있지만 맹목적인 실행은 목표를 달성하는 데 큰 도움이 되지 않는다. 오히려 방해가 될 수 있다.

예를 들어보자. 세계에서 가장 높은 산인 에베레스트의 정상에 오르는 목표를 세웠다면 어떻게 해야 할까? 아무런 준비도 없이 무작정 오른다면 중턱에 이르기도 전에 병이 나거나 지쳐 포기하기 십상이다. 제대로 오르려면 준비가 필요하다. 어떻게, 무엇을 준비할지 꼼꼼하게 계획을 짜고 실천해야 한다.

에베레스트를 오르기 위해 준비해야 할 것은 많다. 혹한과 험한 지형을 견딜 수 있는 장비와 의복을 철저하게 준비해야 하고, 체력도 보강해야 한다. 동네 뒷산도 오른 경험이 없는 사람이 곧바로 에베레스트를 오른다는 것은 불가능하므로 낮은 산부터 올라 익숙해지면 점점 높은 산에 도전해보는 과정도 필요하다.

이처럼 실행 플랜은 체계적이면서도 구체적이어야 한다. 주먹구구식으로 막연하게 짠 실행 플랜은 혼란만 가중시킬 수 있다. 목표를 설정하고, 목표를 이루기까지의 기간을 쪼개고, 각 단계별로 무엇을 할지를 구체적으로 계획해야 한다.

실행 플랜은 촘촘할수록 좋다. 실행 플랜은 계단과도 같다. 같은 높이의 2층으로 올라가는 계단이 10개일 때와 20개일 때는 크게 다르다. 10개일 때는 계단 하나하나가 높고 경사도 심해 오르기가 쉽지 않다. 반면에 계단이 배로 늘어 20개라면 한 계단의 높이도 반으로 줄고 전체 계단의 경사도 완만해 한결 수월하게 오를 수 있다. 계단이 더 많다면 더 쉬워질 것이다.

그래서 나는 큰 목표를 정하면 목표를 수없이 쪼개 작은 목표들을 만든다. 큰 목표를 이루는 데 5년이 걸린다면 5년을 1년 단위로, 1년을 다시 6개월, 6개월을 다시 1개월 단위로 정한다. 1개월을 다시 주간으로, 주간을 다시 일로 세분화해 각각의 작은 목표를 세운다. 단계별로 해야 할 일을 정하고 매일 실행 플랜에 따라 노력하다 보면 어느새 최종 목표를 달성한 나와 마주했다.

메리케이에서는 실행 플랜을 짜기가 수월했다. 메리케이는 NSD라는 최종 목표를 제시하고 NSD로 가는 데 필요한 계단을 만들어주었다. 메리케이에서는 누구나 독립 뷰티 컨설턴트인 IBC로 출발한다. 이를 시작으로 독립 세일즈 디렉터인 ISD, 독립 시니어 세일즈 디렉터인 ISSD로 이어진다. 이후 독립 이그제큐티브 시니어 세일즈 디렉터인 IESSD를 거쳐야만 최종적으로 독립 내셔널 세일즈 디렉터인 INSD가 될 수 있다. 어느한 계단이라도 거치지 않고서는 NSD가 될 수 없기에 메리케이에서 만들어 놓은 계단은 그대로 나의 목표가 되었다.

메리케이는 목표를 쉽게 달성하기 위한 배려도 잊지 않았다. 보통은 8개월에서 1년 사이에 더 높은 자리에 올라설 수 있다. 그때마다 메리케이는 계단을 좀 더 수월하게 밟을 수 있도록 각 계단 사이에 수없이 많은 계단을 또 놓아준다. 프로모션이 그 작은 계단들이다.

메리케이는 끊임없이 프로모션을 준다. 분기별로 계속 프로모션을 제시해 사람들로 하여금 좀 더 속도를 내 최종 목표에 도달할 수 있게끔 돕는다. 프로모션 역시 작은 것부터 큰 것까지 다양하다. 작은 프로모션부터 시작해 점점 더 큰 프로모션에 도전할 수 있도록 했고, 프로모션을 달성할 때마다 여행, 보석, 차량 등을 선물해 도전 의욕을 고취시킨다.

나는 프로모션이 나오면 무엇이든 도전했다. 프로모션 역시 내가 밟아야 할 계단만큼 중요한 작은 목표라고 생각했다. 최종 목표는 NSD로 설정했지만 각 계단 사이사이에 놓여 있는 프로모션이라는 작은 계단을 하나도 빠짐없이 차곡차곡 밟다 보니 과정이 즐거웠다. 계단을 올라갈 때마다 다음 계단에서 무엇이 나를 기다릴까 설레기도 했다.

굵직한 계단이 이미 준비되어 있어도 월간, 주간, 일일 실행 플랜을 짜는 일은 스스로 해야 한다. 내 경우 보통 '1-3-10' 원칙에 따라 목표를 쪼

갠다. 예를 들어 어떤 큰 목표를 설정하면 그 안에 중간 목표 3개를 설정하고, 다시 각 중간 목표별로 구체적인 10개의 세부 목표를 세웠다. 목표의 크기에 따라 목표를 쪼개는 방법은 달라질 수 있다. 다만 실행 플랜을 잘게 쪼갤수록 목표를 달성하기가 쉬우므로, 목표가 원대할수록 목표를 쪼개고 쪼개 촘촘한 실행 플랜을 짤 것을 권한다.

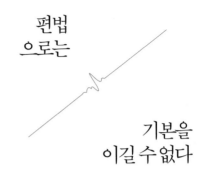

편법
으로는

기본을
이길 수없다

"어떻게 그렇게 영업을 잘하세요?"

사람들이 내게 많이 하는 질문 중 하나다. 이런 질문을 받을 때마다 곤혹스럽다. 그들은 내게 다른 사람들에게는 없는 특별한 노하우가 있으리라 생각한다. 하지만 내게는 그들의 기대를 충족시켜줄 만한 비법이 하나도 없다.

미에로화이바 대리점을 운영할 때도, 보험 영업을 할 때도, 메리케이에서 일하는 지금도 나는 언제나 기본에 충실하려고 노력했다. 누구나 알고 있는 가장 기본적인 영업 원칙들을 준수했을 뿐이다. 기본을 지키는 것만으로 어떻게 그 자리에 오를 수 있느냐며 반문하는 이들도 있지만 사실이다. 공부에 왕도가 없듯이 영업에도 왕도가 없다. 언제나 기본에 충실한 영업이 가장 좋은 성과를 이끌어내는 법이다.

영업의 기본은 '오늘도 정직'이다

영업능력은 종종 매출 실적으로 평가된다. 매출 실적에 따라 보상도 달라진다. 매출이 많으면 그만큼 보수도 많아지다 보니 가끔은 유혹에 빠지기도 한다. 돈을 많이 벌려는 욕심을 부리지 않더라도 매출이 부진해 회사로부터 압박을 받다 보면 편법이라도 동원해 매출을 올리고 싶은 마음이 들기도 한다.

실제로 편법으로 매출을 올리는 이들도 있다. 보험 영업을 할 때의 일이다. 수시로 굵직한 큰 계약을 성사시킨 사람이 있었다. 내가 처음 보험을 시작할 때만 해도 지금처럼 여러 보험 기능을 합한 통합보험이 없었다. 생명보험, 상해보험, 암보험, 자동차보험 등 어느 한 가지를 보장하는 상품이 주를 이루었기 때문에 보험료가 비싸지 않았다. 한 보험 당 몇 만 원이면 충분히 들 수 있었다. 그런데 그는 놀랍게도 거액의 보험을 줄줄이 성사시켰다. 몇 만 원짜리 계약을 하고 있던 나로서는 도저히 이해할 수 없는 일이었다.

비밀은 그가 회사를 떠나면서 밝혀졌다. 영업은 정직해야 한다. 내 이익을 위해 상대방에게 거짓말을 하거나 상대방이 알아야 할 정보를 감춰서는 안 된다. 예를 들어 특정 질병만 보장하는 보험을 어떤 질병에 걸려도 다 보장받을 수 있는 보험으로 소개한다면 그건 영업이 아니라 사기나 다름없다.

좋은 점뿐만 아니라 그로 인해 생길 수 있는 위험 부담까지도 정직하게 이야기할 수 있어야 진짜 영업이다. 그런데 그는 그러지 않았다. 그가 회사를 떠난 후 계약할 때 들었던 내용과 실제 계약 내용이 다르다며 항의

하는 고객들이 줄을 이었다.

편법으로 성사된 계약은 대부분 부실계약으로 이어진다. 부실계약은 고객에게 피해를 입히는 것은 말할 것도 없고 회사에도 치명적인 피해를 준다. 당장은 좋을지 몰라도 부실계약이었음이 밝혀지면 손실은 어마어마하다. 정직하게 영업하지 않은 대가를 회사는 회사대로, 영업 당사자는 당사자대로 톡톡히 치러야 한다.

눈앞의 이익에 급급해 편법을 동원하면 당당하게 일하지도 못한다. 언제 들통 날지 모르니 늘 불안해하며 전전긍긍할 수밖에 없다. 운 좋게 들통 나지 않는다고 하더라도 결과는 마찬가지다. 고객과 회사를 속일 수는 있어도 자신의 양심까지 속일 수는 없다. 자기 자신에게 떳떳하지 않은데 그런 영업으로 자신을 성장시키기는 더더욱 어려운 일이다.

나는 이익 앞에 언제나 정직하려고 노력했다. 부당한 방법으로는 아무리 눈앞에 큰 이익이 보여도 흔들리지 않고 정직한 영업만 고수했다. 덕분에 보험회사를 떠난 후에도 잡음이 단 한 건도 없었다. 부실계약이 없기에 회사에 그 어떤 손실도 입히지 않았다. 내 자랑 같아 겸연쩍지만, 내가 떠난 후 보험회사에서는 "서영순 여사가 있었던 자리가 이렇게까지 아름다울 수 있을까?" 하며 떠난 나를 칭찬했다고 한다. 정직한 영업을 고수했기 때문에 들을 수 있었던 찬사라고 생각한다.

일할 때는 물론 떠난 후에도 영원히 당당할 수 있는 영업은 정직이 기본임을 새삼 확인했다.

기본에 충실할수록 기복이 없다

순천에 있을 때, 5년 동안 볼링에 빠져 지낸 적이 있다. 순천으로 이사 오기전, 서울에서 살 때도 볼링에 관심이 많았다. 당시 전국적으로 볼링 열풍이불던 때라 주변에 볼링장이 많았고, 집 옆에도 볼링장이 있었다. 볼링을하고 싶었지만 아이가 너무 어리고 아이들 교육에 신경을 많이 쓰던 때라하지 못했다.

그런데 기회가 왔다. 순천에서 웨딩드레스숍을 하는데 옆에 볼링장이생긴 것이다. 곧바로 그곳에 갔다. 그때부터 매일 그곳에 가니 자연스럽게 나처럼 볼링을 좋아하는 사람들이 모여들었다. 그들과 함께 동호회를만들고 볼링을 즐겼다.

원래 운동신경이 있는데다 매일 몇 시간씩 볼링을 치다 보니 하루가 다르게 실력이 늘었다. 시작한 지 1년 만에 SBS에서 주관하는 볼링대회 선수로 뽑힐 정도였다. 볼링이 좋아 계속 선수로 활동하고 싶은 마음도 컸지만 여의치 않았다. 이미 40이 다 된 나이에 취미가 아닌 프로로 계속 하기란 현실적으로 힘들었다. 게다가 해외에 나가 경기를 해야 할 때도 많다며 남편이 반대했다. 국내에서 경기를 할 때는 기꺼이 볼링공을 들어다주면서도 해외 원정경기에 나가는 것까지는 허용하지 않았다.

선수로 활동할 때 나는 기복이 없는 선수로 유명했다. 에버리지가 207정도였는데, 편차가 플러스마이너스 3, 4 정도에 불과했다. 어떤 대회에서도 에버리지가 흔들리지 않아 상이란 상은 다 휩쓸었다. 퍼펙트도 여러번 기록했다.

기복이 없었던 이유는 간단했다. 볼링을 칠 때도 기본에 충실했다. 볼링

96

을 잘 치기 위해 필요한 기본 동작들을 완전히 익힐 때까지 수없이 반복하며 연습하고 또 연습했다. 그렇게 기본기를 탄탄하게 쌓은 덕분에 어떤 상황에서도 에버리지가 흔들리지 않을 수 있었다.

남편의 경우는 다르다. 내가 볼링선수로 활동하면서 남편도 볼링을 시작했다. 남편은 정식으로 볼링을 배우지 않았다. 내가 연습하는 모습을 보면서 어깨 너머로 배웠는데, 그래서 기복이 심한 편이다. 컨디션이 좋을 때는 선수 못지않게 점수가 좋지만 그렇지 않을 때는 형편없이 낮았다. 기본기의 차이는 이렇게 크다.

영업도 마찬가지다. 기본이 아닌 편법에 의지해 영업을 하면 실적이 들쑥날쑥할 수밖에 없다. 편법을 동원하지 않으면 매출은 하루아침에 수직으로 떨어질 수 있다. 계속 편법을 동원한다고 해도 안정적인 매출을 기대하기는 힘들다. 어떤 경우에는 편법이 잘 먹혀 매출로 이어져도 똑같은 편법이 통하지 않는 경우가 비일비재하기 때문이다.

기본에 충실해 기복이 없으면 성장도 지속적이다. 물론 단기적인 시각으로 보면 편법을 동원했을 때보다 속도가 느린 것처럼 보인다. 나는 기본에 충실하다 보니 단기간에 놀라운 성장을 거두지는 못한다. 시작은 언제나 미약했다. "저렇게 열심히 하고 잘하는데 왜 결과가 빨리 나오지 않는 걸까?"라고 말하며 의아해하는 이들도 많았다.

기본기에 충실하면 뒤로 갈수록 탄력을 받는다. 정상으로 올라가는 데까지 시간이 많이 걸려도 상승세가 꺾이지 않고, 한 번 정상에 올라가면 다시 내려오지도 않는다. 보험 영업을 할 때는 4년 동안 꾸준히 성장해 톱이 되었고, 이후 6년 동안 그 자리를 지켰다. 메리케이에서의 성장곡선도 비슷하다. 2004년 7월에 메리케이에 입사해 3년 만인 2007년에 11억 원의 매출을 올리며 아시아퀸이 되었고, 이듬해에는 매출을 12억 원으로 더 올리면서 아시아퀸 자리를 고수했다.

2년 연속 아시아퀸을 유지하면서 MBC 〈화제집중〉이라는 프로그램에도 출연했다. 2008년 1월 28일, 이 프로그램의 '억대 연봉! 더이상 꿈이 아니다. 영업왕의 노하우 전격 공개'에 소개되었는데, 그때도 기본기에 충실한 영업을 강조했다. 고객 집에 방문해 스킨케어 클래스를 진행하는 과정을 촬영한 후 고객에게 나에 대해 물었다. 그때 고객은 "저 언니는 정말 열심히 한다"고 말한 것으로 기억한다. 고객 역시 '영업인 서영순의 특별한 노하우'보다는 '성실하고 열정적인 서영순'을 높이 평가한 것이다.

이듬해인 2009년에는 매출이 11억 원으로 조금 떨어지기는 했지만 꾸준히 노력한 결과 메리케이에 입사한 지 7년여 만에 최고 정상인 NSD가 될 수 있었고, NSD가 된 후에도 계속 성장할 수 있었다. 기본에 충실하며 영업하는 한 이 성장세는 꺾이지 않을 것이라고 자신한다.

진짜
영업은

제품을
판 후부터

'잡은 물고기에는 밥을 주지 않는다'는 말이 있다. 의도했든 의도하지 않
았든 사람들은 이 말처럼 행동한다. 결혼하기 전에는 사랑하는 사람을 위
해 목숨이라도 내놓을 것처럼 정성을 다하다가 막상 결혼하고 나면 시들
해진다. 결혼이라는 목적을 달성했으니 더이상 잘할 필요가 없다는 듯 태
도가 바뀐다.

비즈니스 관계에서는 이런 일이 특히 흔하다. 상대방에게 무언가 얻을
것이 있을 때는 자주 찾아가고, 선물공세도 하지만 목적을 달성해 더이상
얻을 것이 없다고 판단되면 언제 그랬냐는 듯 등을 돌리는 경우가 허다하
다. 이미 잡은 물고기보다는 새로운 물고기를 잡아야 비즈니스를 넓히고
더 많은 이익을 챙길 수 있다고 생각하기 때문이다.

영업도 마찬가지다. 영업을 하는 사람들 중 상품을 팔고 나면 그것으로
끝났다고 생각하는 이들이 많다. 고객의 마음을 움직여 상품을 구매하게

끔 설득해 팔면 영업인으로서 할 일을 다 했다고 생각하지만, 진짜 영업
은 팔고 난 후부터 시작된다. 잡은 물고기에게 더욱 더 정성을 쏟는 것이
진짜 영업이다.

사후 서비스가 고객 감동을 부른다

나는 일을 마치고 집에 돌아와서도 밤 12시까지는 화장을 지우지 않는다.
보험 영업을 할 때 생긴 버릇인데, 20여 년이 지난 지금까지 이어지고 있
다. 화장을 지우지 않는 이유는 언제라도 나를 찾는 전화가 오면 바로 달
려가기 위해서다.

　모든 영업이 그렇지만 보험은 특히 사후 서비스가 중요하다. 보험은 살
아가면서 언제 겪을지 모르는 위험을 관리해주는 안전장치다. 하지만 가
입할 때는 대부분이 이를 실감하지 못한다. 언제 써먹을지도 모르는데 매
달 꼬박꼬박 보험료가 나간다며 부담스러워하는 이들이 적지 않다. 그러
다 사고가 나 보험의 도움을 받으면 그제야 보험을 들어 얼마나 다행인지
모르겠다며 가슴을 쓸어내린다.

　이처럼 보험은 사고가 났을 때 진가를 발휘하기 때문에 진짜 보험 영업
은 고객이 사고를 당했을 때부터 시작된다고 해도 과언이 아니다. 하지만
많은 경우 사후 서비스보다는 보험 가입 자체에 집중하는 것이 현실이다.

　지금은 보험에 대한 인식이 많이 좋아져 스스로 필요하다고 판단해서
보험에 가입하는 경우도 많다. 하지만 내가 영업을 하던 1990년대만 해
도 보험은 필요성보다는 인간관계 때문에 가입하는 경우가 많았다. 순천

은 더 심했다. 작은 지역도시다 보니 혈연이나 학연, 지연으로 똘똘 뭉쳐 있었다. 그러다 보니 가족, 친척, 친구, 선후배 같은 인간관계에 의해 보험을 들었고 사후 서비스도 부실했다. 고객이 사고를 당해 연락해도 "형님, 그건 ○○○○에 전화하세요"로 끝나는 경우가 많았다.

나는 달랐다. 고객이 사고를 당해 전화를 걸어오면 경찰차보다 먼저 현장에 달려갔다. 아무리 작은 문제라도 사고를 당하면 누구나 당황하기 마련이다. 그런 상황에 혼자 사고를 수습하기는 여간한 일이 아니다. 나는 그런 고객을 대신해 사고를 처리했다. 보통 사고가 나면 보험회사, 경찰, 병원, 수리업체를 비롯해 20여 통의 전화를 해야 하는데, 신속하게 전화를 돌리고 사고를 수습했다. 철저하게 고객 입장에서 고객이 하나라도 더 혜택을 누릴 수 있도록 노력했다.

사고로 고객이 다쳐 병원에 입원하는 경우도 많았다. 비교적 경미한 사고일 때는 1, 2주 정도 입원해 치료를 받으면 되지만, 사고가 커서 많이 다친 경우에는 몇 개월 동안 입원해야만 했다. 사고 처리는 말할 것도 없고 병원에 입원한 고객을 만나러 가는 것도 나의 중요한 일과였다. 거의 매일 오전에는 보험 영업을 하고 점심 무렵 병원에 들렀다. 그때만 해도 시골병원이라 환자 가족들이 직접 밥을 해서 먹을 수 있었는데, 매일 병원에 들르니 아예 내 몫까지 점심을 준비하고 기다리곤 했다.

아파서 병원에 누워 있으면 사람이 그리운지 환자들은 내가 가면 무척 반가워했다. 장기입원 환자일수록 더 사람을 그리워해, 한번 가면 금방 나오기가 힘들었다. 고객들과 이런저런 이야기를 나누다 보면 몇 시간이 훌쩍 지나기 일쑤였다.

병원에 입원했던 고객들 중에서도 특히 기억에 남는 사람이 있다. 덤프트럭을 타고 가다 실수로 6미터 아래로 추락해 하반신이 마비된 경우였다. 사고 소식을 듣고 단숨에 병원으로 달려갔다. 사고 당시 그는 30대 중반에 불과했다. 젊은 나이에 장애를 입고, 생계수단이었던 덤프트럭 운전까지 하지 못하게 되었으니 막막함과 상실감은 이루 말할 수가 없었을 것이다.

8개월 정도 입원했는데, 행여 나쁜 생각이라도 할까 걱정되어 매일 간식을 사들고 방문했다. 퇴원한 후에도 마음이 쓰여 3년 정도 집에 찾아가 함께 밥도 먹고 이야기를 나누었다.

그러다 보니 서울에 와서도 자주 생각이 났다. 이후 건강하게 잘살고 있는지 확인해보고 싶은 마음은 굴뚝같았다. 하지만 휴대전화를 스마트폰으로 바꾸면서 전화번호를 잃어버려 연락할 길이 막막했다. 그런데 2014년 7월경, 우연히 공항에서 그를 만났다. 무척 반가워 나도 모르게 그를 껴안았다. 비록 휠체어를 타고 있지만 건강해 보여 마음이 놓였다. 그 또한 다쳤을 때 매일 방문해 말벗이 되어주고 용기를 북돋워주어 감동했다며 내게 고마움을 전했다.

사고가 났을 때만 사후 서비스가 필요한 것은 아니다. 나는 고객들이 도움을 요청하면 계약한 보험과 상관없더라도 최대한 돕기 위해 노력했다. 때로는 친구처럼 고민을 들어주기도 했고, 혼자서는 해결하기 어려운 법적인 문제도 조언해주었다.

법을 깊이 있게 알지는 못했지만, 남편이 경찰이어서 집에 다양한 법전이 있었기 때문에 일상에서 필요한 법은 웬만큼 알고 있었다. 채권, 채무,

부동산을 비롯해 살면서 많이 부딪치는 법적인 문제를 상담해오면 내 선에서 알려줄 수 있는 것은 바로 해결해주고, 그렇지 않은 것은 전문가에게 자문을 구해 답해주었다. 필요하다면 전문 변호사를 연결해주기도 했다.

영업하는 사람이 고객을 만족시키는 것은 기본이다. 고객 만족은 고객이 필요로 하는 상품을 제공하는 것으로도 가능하다. 하지만 고객 감동은 이것만으로는 충분하지 않다. 고객 감동은 사후 서비스로 좌우된다. 사후 서비스는 단순히 문제가 생겼을 때 해결해주는 것이 아니다. 고객이 불편함을 호소하기 전에 먼저 관심을 갖고 혹시 문제가 있는지 확인하고, 지속적으로 제품을 만족스럽게 쓸 수 있게 도와야 제대로 된 사후 서비스라고 할 수 있다.

고객이 원하지 않아도 직접 고객을 찾아 사후 서비스를 할 때 비로소 영업은 완성된다.

감동은 새로운 고객으로 이어진다

사후 서비스는 어찌 보면 서비스로만 보인다. 실제로 서비스는 당장 매출로 연결되지 않는다. 그래서 영업하는 사람들 중에는 사후 서비스보다는 당장 매출을 올릴 수 있는 일에 집중하는 경우가 많다. 기존 고객을 대상으로 사후 서비스하는 시간을 새로운 고객을 만나는 데 투자하면 그만큼 매출이 늘어날 수 있다고 계산한다.

하지만 내 경험상 서비스는 서비스 자체로 끝나지 않는다. 아무런 연고도 없는 순천에서 보험 영업을 잘할 수 있었던 비결은 사후 서비스를 열심히 했기 때문이다. 보험 가입에만 치중하고 막상 계약하고 나면 나 몰라라 하는 보험인들이 많았던 때라 나의 사후 서비스는 곧 나만의 경쟁력으로 작용했다. 무슨 일만 생기면 자기 일처럼 앞장서서 문제를 해결하는 나를 보며 고객들마다 감동했다.

감동은 신뢰를 낳는다. 한번 감동한 고객은 나를 신뢰하고, 영업하는 사람이 아닌 가족이나 친구처럼 나를 대했다. 그뿐만이 아니다. 부탁하지도 않았는데 알아서 주변 사람들에게 "보험은 서영순 여사에게 들어야 한다"고 말했다.

주변 사람에게 누군가를 소개해준다는 것은 쉬운 일이 아니다. 자칫 잘못했다가는 가까운 사람이 피해를 볼 수 있기 때문에 믿을 만한 사람이 아니면 소개하기 어렵다. 고객들이 나를 지인들에게 소개했다는 것은 그만큼 나를 신뢰했다는 증거다.

나를 믿어주는 그들 덕분에 언제부터인가 새로운 고객을 찾아다니지 않고 사후 서비스만 하는데도 새로운 고객이 생기기 시작했다. 고객을 만나 이야기를 하다 보면 "서 여사, 내 친구가 보험을 들고 싶어하는데 한번 연락해봐요"라며 지인의 연락처를 건넸다. 그렇게 소개받은 새로운 잠재고객을 만나면 이미 나에 대해 잘 알고 있어서 영업하기가 매우 수월했다. 길게 설명하지 않아도 선선히 계약서에 사인했다.

일찍이 공자는 "가까이 있는 사람을 즐겁게 하면 멀리 있는 사람이 온다"고 했다. 사람들은 늘 가까이 있는 사람들의 소중함을 잘 모른다. 잡힌 물고기에게 밥을 주지 않는 것도 이 때문이다. 가까이 있는 사람에게는 소홀하면서 멀리 있는 이들의 환심을 사기 위해 고군분투하는 것만큼 어리석은 일도 없다. 가까운 사람을 행복하게 해주면 멀리 있는 사람은 굳이 애쓰지 않아도 제 발로 온다.

이 말은 영업에도 그대로 적용된다. 새로운 고객을 확보하기 위해 기존 고객을 소홀히 하는 경우가 너무나 많다. 신규 고객에게는 각종 혜택을 제시하며 유혹하면서도 몇 년씩 충성하는 기존 고객에게는 아무런 혜택도 주지 않는 경우가 허다하다. 아무리 충성심이 강한 고객이라도 섭섭함이 쌓이면 떠나기 마련이다. 반면에 기존 고객을 계속 감동시키면 그 고객은 또 다른 고객을 데려온다. 이쯤 되면 고객 사후 서비스가 시간을 허비하는 것이 아니라 새로운 고객을 창출하는 적극적인 영업임을 알 수 있을 것이다.

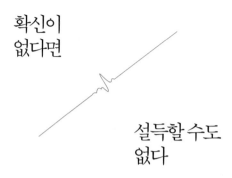

확신이
없다면

설득할 수도
없다

배우들은 배역을 맡으면 그 배역에 완전히 몰입한다. 극 중에서 연인 관계라면 상대방을 진짜 애인이라고 생각하고 사랑하려고 노력한다. 그렇지 않고서는 자연스럽게 연기할 수 없기 때문이다. 아무런 감정도 느끼지 못하면서 사랑하는 연기를 하면 어색함이 표정에 묻어나고 진정성도 느껴지지 않는다.

영업에도 몰입이 필요하다. 몰입을 하려면 확신이 절실하다. 영업은 상대방의 마음을 움직이는 것이다. 상대방의 마음을 움직이는 데 가장 필요한 것 중 하나가 확신이다. 자신이 파는 제품이 좋은 제품이라는 확신도 없이 영업을 한다면 잘 되지도 않을뿐더러 설령 잘 된다 하더라도 진정한 영업이라 보기 어렵다.

가장 확실한 상품설명서, 체험

TV 토크쇼에서였다. 한 연예인이 광고를 거절한 사연을 말했다. 제과업체에서 광고 제의가 왔는데, 광고하는 과자를 먹어보았더니 너무 맛이 없었고, 그래서 거절했다. 맛도 없는데 맛있게 먹는 척하며 소비자들에게 거짓말하기가 싫었다는 게 이유였다. 그러면서 그건 철없던 시절의 일이라며, 지금은 그런 것 따지지 않고 광고주가 불러주면 감사하며 열심히 한다고 너스레를 떨었다.

시청자들에게는 잠시 웃고 넘어가는 이야기였지만 영업을 하는 나로서는 그럴 수 없었다. 영업은 상대방을 설득하는 과정이다. 팔려는 제품에 대한 확신도 없는데 과연 설득할 수 있을까. 사람들은 화려한 말재주에 마음을 열지 않는다. 잠시 잠깐 그럴듯한 말에 현혹될 수는 있겠지만 그럴수록 더욱 마음의 빗장을 단단히 잠그는 경우가 대부분이다.

사람들의 마음을 열려면 자기 확신부터 서야만 한다. 스스로 확신이 없는데 상대방이 내 생각을 이해하고 받아주기를 바랄 수는 없다. 내가 팔려는 제품이 좋고 상대방에게 꼭 필요한 것이라는 확신도 없이 사주기를 바란다면 그것은 영업이 아니라 구걸이다.

내가 메리케이에 입사한 동기는 여러 가지지만, 메리케이 제품들이 좋지 않았다면 아마도 입사하기를 꺼렸을 것이다. 입사하기 전, 딸의 권유로 관련 화장품 세트를 사서 사용했는데, 괜찮았다. 주변 사람들도 예뻐졌다며, 무슨 특별한 시술이라도 받느냐며 궁금해했다. 기분은 좋았지만 그래도 확신은 서지 않았다. 아무리 화장품이 좋아도 화장품만으로 예뻐질 수 있다는 게 믿기지 않았다.

하지만 6개월 정도 꾸준히 화장품을 사용하면서 확신이 섰다. 원래 피부가 얇아 주름이 많은 편이었는데, 메리케이 화장품을 쓰면서 주름이 많이 없어졌고, 전체적인 피부결도 한결 부드럽고 피부 톤도 환해진 것을 직접 확인할 수 있었기 때문이다.

메리케이에 입사한 후에는 더 열심히 화장품을 사용했다. 메리케이 화장품은 종류가 100여 가지가 넘는다. 그 많은 제품을 각각 최소한 3개월 이상 직접 사용해보고 효과를 확인한 후 고객들에게 소개했다. 내가 그랬듯이 고객들도 처음에는 메리케이 화장품을 신뢰하지 않는다. 정말 화장품만 바르고도 피부가 좋아질 수 있는지, 예뻐질 수 있는지 의심한다. 하지만 나는 그때마다 자신 있게 말한다. 내가 직접 사용해보고 효과를 검증했기 때문에 주저 없이 "예!"라고 대답할 수 있다.

보험을 할 때도 확신이 있었다. 많은 사람들이 보험의 필요성을 잘 모르기 때문에 보험을 권유하면 거부반응부터 보인다. 보험이 고객에게 도움이 된다는 확신이 없으면 거부반응을 보이는 고객을 설득할 용기조차 내기 어렵다. 고객의 필요보다는 내 이익을 위해 보험 가입을 권한다고 생각하면 자기도 모르게 비굴해지기도 한다.

하지만 나는 확신했다. 그 확신은 고객들이 사고를 당했을 때 보험의 도움으로 순조롭게 사고를 수습하고 후유증을 쉽게 극복하는 것을 내 눈으로 지켜보면서 신념으로 굳어졌다. 그러면서 보험이 반드시 필요하다고 판단되는 고객이라면 그가 당장 필요성을 느끼지 못하더라도 진심을 다해 설득했다.

몸으로 얻은 확신은 굳게 잠긴 문을 여는 마법의 열쇠와도 같다. 기본적인 상품설명서는 객관적인 정보에 불과하다. 객관적인 정보에 직접 부딪쳐 깨달은 확신이 더해질 때 비로소 고객의 마음을 움직일 수 있다.

확신해야 즐기고, 즐겨야 성공한다

개인적으로 알고 지내는 쇼핑호스트가 어느 날 내게 고민을 털어놓았다.

"좋은 제품을 팔 때는 괜찮은데, 별로 좋다는 확신이 안 서는데 방송에서 좋다고 말하면서 팔아야 할 때는 정말 고역이에요."

방송으로 볼 때는 늘 밝고 활기차 그런 고민을 할 줄은 미처 예상하지 못했다. 그녀는 좋지도 않은 제품을 좋다고 말할 때는 죄책감까지 든다고 했다. 본의 아니게 소비자를 우롱하는 것 같아 그런 방송을 하고 난 뒤에는 마치 천 미터를 전력 질주한 것처럼 피곤하다고 했다.

확신은 고객을 설득하기 위해서만 필요한 것이 아니다. 쇼핑호스트의 예에서도 알 수 있듯이 확신이 없으면 일을 즐기기 어렵다. 결국 확신은 영업을 하는 사람이나 고객 모두를 만족시키고 행복하게 하기 위해 필요하다.

메리케이에서는 고객이 직접 제품을 사용해보고 판단할 수 있는 기회를 준다. 이것을 '스킨케어 클래스'라고 하는데, 나는 클래스를 할 때 가장 즐겁고 행복하다. 클래스는 내가 체험하고 확신한 제품의 효과를 고객들과 공유하는 시간이다. 만약 내가 메리케이 화장품에 확신이 없다면 클래스를 하는 내내 불안하고 초조할 수 있다. 혹시 고객이 제품을 써보고 마음에 들어 하지 않으면 어쩌나 걱정이 앞서 자신 있게 클래스에 임하지 못할 것이다.

하지만 클래스는 언제나 즐겁고 행복했다. 보통 클래스를 한 번 하는 데 최소 1시간에서 1시간 30분 정도 소요되는데, 어찌나 시간이 빨리 가는지 시작한 지 얼마 안 되었는데 끝내야 할 시간이 되었을 때가 한두 번이 아니다. 이미 앞서 화장품을 다 써보고 효과를 직접 체험한 후라 클래스를 하는 데 주저함이 없다. 내가 그랬듯이 고객들도 화장품을 써보면 분명 만족하리라는 확신이 있었다.

굳이 좋은 것만 보여주고 단점을 감출 필요도 없었다. 있는 그대로, 내가 체험한 것을 솔직하게 들려주기만 하면 되었다. 그런 솔직함이 고객들을 편안하고 행복하게 했다. 나는 물론 고객들까지 즐겁고 행복하게 클래스를 해서 그런지, 클래스가 끝나면 고객들과 마치 오래 사귄 친구처럼 친밀해졌다.

클래스는 고객이 제품을 체험하고 효과를 직접 확인하도록 하기 위해서다. 클래스는 클래스일 뿐, 제품을 판매하는 것이 아니지만 클래스에 대한 만족도가 높으면 자연스럽게 구매에까지 이어진다. 사실 1시간 내지 1시간 30분간의 클래스로 고객이 제품의 효과를 완전히 확신하기는 어렵다. 그래서 클래스를 주도하는 뷰티 컨설턴트의 역할이 중요하다. 뷰티 컨설턴트가 확신을 갖고 즐겁고 행복하게 클래스에 임하면 고객들도 즐겁고 행복해 만족도 역시 높아진다.

즐기는 사람은 누구도 이길 수 없다. 즐겁게 클래스를 하니 클래스를 마쳤을 때 고객들 모두 구매를 원했다. 내 경우 클래스를 구매로 연결하는 확률이 90퍼센트가 넘었다. 10명의 고객과 클래스를 하면 그중 9명 이상은 만족도가 높아 제품을 구매한다는 뜻이다.

　뷰티 컨설턴트들 중에는 열심히 클래스를 하는데도 매출이 부진한지 모르겠다며 힘들어하기도 한다. 이유는 간단하다. 클래스를 즐기지 못했기 때문이다. 확신을 갖고 클래스를 즐길 수 있어야 비즈니스 성공률도 높아진다.

팔지 말고,

고객의 니즈를
읽어라

사람들이 영업을 어렵게 생각하는 이유는 무언가를 팔아야 한다는 강박 관념 때문이다. 어떻게든 팔아야 한다고 생각하기 때문에 고객을 만나기 부담스럽고 진솔하게 소통하기도 어렵다. 고객 역시 무조건 팔려고만 하는 상대방이 부담스럽기는 마찬가지다.

영업은 내 것을 파는 것이 아니다. 고객이 원하는 것을 파악하고 충족시켜주는 것이 영업의 본질이다. 그런데 고객의 니즈, 즉 무엇을 필요로 하고 기대하는지를 읽지 않고 무조건 내 것을 팔려고 들면 당연히 영업이 어려워질 수밖에 없다.

고객의 니즈를 파악하는 일은 매우 중요하다. 하지만 어설프게 파악하면 오히려 해가 된다. 고객이 무엇을 원하는지, 무엇을 필요로 하는지 정확하게 파악하면 굳이 팔려 하지 않아도 고객이 알아서 산다.

귀를 크게 열수록 니즈가 보인다

고객의 니즈를 알아야 영업을 할 수 있다고 하면 대부분이 막막해한다. 하지만 고객의 니즈를 파악하는 방법은 간단하다. 고객의 말을 경청하면 고객의 니즈는 자연스럽게 나온다.

방법은 간단하지만 경청은 그렇게 쉬운 일이 아니다. 사람들은 대부분 남의 이야기를 듣기보다 자기 이야기를 하기 좋아한다. 남의 이야기를 들어도 건성으로 듣는 경우가 많다. 그렇게 대충 들으면 상대방의 니즈를 알 수가 없다.

상대방의 니즈를 알려면 경청에 집중해야 한다. 토시 하나도 놓치지 않을 정도로 상대방의 말에 귀를 기울이고, 상대방이 말을 마칠 때까지 끼어들지 말고 집중해서 들어야 경청이다. 그런데 대부분은 상대방이 말을 채 마치기도 전에 끼어들려고 한다. 좋은 의도일 수도 있다. 앞서 들은 이야기에 조언하고 싶어 그럴 수도 있다. 하지만 어설프게 끼어들면 오히려 역효과가 나기 쉽다.

경청할 때는 꼭 필요할 때 서너 번만 끼어들어도 충분하다. 고객이 마음을 활짝 열고 속에 있는 이야기를 막힘없이 한다면 끼어들지 말고 끝까지 듣기만 해도 괜찮다. 입을 닫고 고객의 말에 귀를 기울이면 기울일수록 고객의 니즈를 잘 파악할 수 있다.

경청은 귀로만 하는 것이 아니다. 진정한 경청은 고객을 존중하는 마음에서 시작된다. 자기 생각을 개입하지 말고 오롯이 고객의 이야기를 들으려고 해야 한다. 눈을 맞추는 것도 중요하다. 고객은 이야기를 할 때 시선을 다른 곳에 두면 더이상 이야기하고 싶어하지 않는다. 이야기를 들으면서 중간 중간 적절한 반응을 보이는 것도 중요하다. 고개를 끄덕이거나 "네, 그렇군요"와 같은 추임새를 넣으면 고객은 공감대를 형성했다고 느끼며, 좀 더 편안하게 자신의 이야기를 꺼내놓는다.

설령 고객이 무엇을 원하는지 충분히 예측되더라도 경청하지 않고 섣불리 먼저 말해서는 안 된다. 예를 들어 피부는 겉으로 드러나기 때문에 피부에 관한 문제는 비교적 쉽게 파악할 수 있다. 피부 트러블이 있는지, 모공이 넓은지, 피부 톤이 칙칙한지 바로 보인다. 그렇다고 "모공이 넓네요", "피부 톤이 너무 칙칙하네요"라고 말하면 고객은 기분이 상할 수 있다. 이미 스스로도 콤플렉스로 여기고 있는데 누군가가 꼬집어 지적하면 당연히 기분이 좋지 않다.

니즈가 예측되더라도 고객이 스스로 말할 수 있도록 해야 한다.

"피부 고민 있으세요? 어떤 문제를 해결하고 싶으세요?"

이 정도만 질문해도 고객은 스스로 자신의 문제를 털어놓는다.

"저는 모공이 넓어요. 모공 수축에 좋다는 건 다 써봤는데 영 안 되네요."

"피부가 너무 예민하고 건조해요. 조금만 피곤해도 뾰루지가 나고, 겨울에는 로션을 많이 발라도 피부가 당겨서 힘들어요."

경청으로 고객의 니즈를 파악하면 구구절절 제품을 설명하지 않아도 된다. 고객에게 필요한 정보만 설명해도 충분하다. 예를 들어 경청을 통해 고객이 모공 때문에 고민이 많고, 모공을 수축시킬 수 있는 방법을 원한다는 것을 알았다면 모공을 효과적으로 수축시켜주는 화장품을 소개하는 것으로 충분하다. 고객의 니즈를 해결할 수 있는 방법을 제시하면 구매는 자연스럽게 일어난다.

114

때로는 고객의 니즈를 디자인하라

고객의 니즈를 파악해 충족시켜주는 것이 영업의 기본이다. 하지만 때로는 고객의 니즈를 디자인해야 할 때도 있다. 고객 스스로 자기 안에 잠재되어 있는 니즈를 모르는 경우도 많기 때문이다.

고객이 니즈를 느끼기 전에 그들의 니즈를 파악하고 해결할 수 있는 방법을 제시한 대표적인 인물로 스티브 잡스를 들 수 있다.

"우리의 일은 고객이 욕구를 느끼기 전에 그들이 무엇을 원할지를 파악하는 것이다. 사람들은 직접 보여주기 전까지 무엇을 원하는지 모른다. 그것이 내가 시장조사에 의존하지 않는 이유다. 아직 적히지 않는 것을 읽어내는 것이 우리의 일이다."

스티브 잡스가 생전에 했던 의미심장한 말이다. 실제로 그가 개발한 매킨토시, 아이팟, 아이폰은 모두 고객의 니즈를 선도하고 디자인한 애플의 대표 제품이라 할 수 있다. 매킨토시는 윈도우에 훨씬 앞서 사용하기 편한 그래픽 기반의 운영체제를 선보였다. 복잡한 명령어를 몰라도 직관적인 아이콘을 눌러 실행시킬 수 있는 획기적인 컴퓨터가 매킨토시였다. 매킨토시가 등장하기 전까지는 그런 컴퓨터를 본 적이 없기 때문에 그래픽기반 운영체제에 대한 고객들의 니즈 또한 없었다.

아이팟도 고객의 니즈를 디자인한 좋은 사례다. 기존 MP3 플레이어와는 달리 아이팟은 '천 개의 노래가 호주머니에'라는 슬로건을 들고 나타났다. 플래시메모리를 사용했던 기존 MP3는 절대 담을 수 없는 엄청난 양의 곡을 담을 수 있는 신세대 MP3가 아이팟이었다.

처음 아이팟이 나왔을 때 전문가들은 고객들로부터 외면 받을 것이라며 비판적인 시각을 보였다. 가격이 비싸고 기존 MP3에 비해 컸기 때문이다. 하지만 고객들은 비싼 값을 지불하고 기꺼이 아이팟을 선택했다. 기계 가격은 비싸지만 아이팟을 사면 아이팟과 연동된 음악관리 프로그램인 아이튠즈에서 무한정 듣고 싶은 음악을 다운로드해 들을 수 있었기 때문이다.

다른 MP3 업체가 하드웨어와 부가 기능에 공을 들일 때 애플은 고객들의 마음속에 잠재되어 있던 콘텐츠에 대한 니즈를 꺼내고 디자인했다. 그 덕분에 아이팟은 대성공을 거둘 수 있었다.

나도 고객들의 니즈를 디자인한다. 메리케이 미국 본사는 고객에게 무조건 많이 파는 것에 목적을 두지 않는다. 파는 것보다 고객의 피부 타입에 맞추어 메리케이 화장품을 사용해보게 하는 데 목적을 둔다. 사용해본 후 선택은 고객의 몫이다.

스킨케어를 받아보고 니즈를 느껴 요구하면 그때 고객의 니즈를 해결해주는 것이 원칙이다. 예를 들어 고객이 스킨케어를 받아보고 스킨이 필요해 "스킨 하나 주세요"라고 하면 스킨을 판매하는 식이다. 고객이 먼저 자신의 니즈를 밝히고 철저하게 그 니즈에 따라 해결책을 제시하는 것이 미국식 영업방식이라 할 수 있다.

한국 메리케이에서도 처음에는 본사의 영업방식을 따랐다. 하지만 고객들을 접하면서 나는 우리나라 고객들의 니즈는 미국 고객들의 니즈와는 다르다는 것을 느꼈다. 미국 여성들은 평소에 화장을 많이 하지 않는다. 스킨이나 로션과 같은 기초화장품을 바르면 끝이다. 그들이 제대로 화장을 하는 경우는 파티 때뿐이다.

116

우리나라 여성들은 다르다. 장 보러 마트에 갈 때도 아이섀도, 아이펜슬, 립스틱으로 완벽한 화장하는 여성들이 많다. 스킨과 로션을 바르는 정도는 만족하지 않는다. 눈썹부터 입술, 심지어는 손톱까지 다 칠해야 제대로 화장했다고 생각한다. 그러면서도 선뜻 완벽한 화장에 필요한 제품을 세트로 구입하지는 못한다. 경제적인 부담 때문이기도 하지만, 스스로 자신의 니즈가 얼마나 강렬한지 몰라서 그렇다.

나는 우리나라 여성들 속에 잠재되어 있는 니즈에 주목했다. 그리고 그 니즈를 만족시켜줄 수 있는 방법을 찾았다. 고객 스스로 감당하기 힘든 큰 니즈라도 충분히 만족하면 구매로까지 이어질 수 있다고 생각했다.

보통 클래스는 베이직 클래스와 프로 스킨케어 클래스, 컬러 클래스로 나뉜다. 베이직 클래스는 기본적인 스킨케어에 집중한다. 깨끗하게 세안하고, 각질을 제거하고, 스킨과 로션을 바르고, 자외선으로부터 피부를 보호하기 위해 선크림을 바르는 것까지 포함한다. 베이직 클래스가 간단하게 기초화장품을 발라보는 것이라면 프로 스킨케어 클래스는 기초화장품뿐만 아니라 기미나 잡티 혹은 주름을 개선하는 데 도움이 되는 기능성 화장품이나 아이크림 등 피부 관리에 필요한 전체 화장품을 모두 발라보는 것이다. 컬러 클래스는 말 그대로 기초화장 위에 색조화장을 더해 최상의 아름다움을 만드는 과정이다.

미국에서는 베이직 클래스와 컬러 클래스를 따로 한다. 우선 베이직 클래스를 받고 필요한 경우 따로 약속을 잡아 컬러 클래스를 진행한다. 하지만 우리나라 여성들의 니즈는 베이직 클래스만으로는 만족하지 않는다. 프로 스킨케어 클래스와 컬러 클래스를 한꺼번에 해야 만족도가 커진다. 앞에서도 말했듯이 색조화장까지 완벽하게 해야 제대로 화장했다고 생각한다.

베이직 클래스, 프로 스킨케어 클래스, 컬러 클래스를 한꺼번에 진행하면 고객들의 니즈는 선명해진다. 클래스를 통해 자기 피부에 맞는 메리케이 화장품을 세트로 사용했을 때 효과가 극대화된다는 것을 확인하면 더이상 망설이지 않는다. 가격이 비싸더라도 기꺼이 화장품 세트를 구매한다.

주변에서는 100만 원에 달하는 화장품 세트를 구입할 고객이 많지 않다며 우려했지만 고객들의 반응은 달랐다. 표면으로 드러나지 않았을 뿐, 우리나라 여성들에게는 예뻐지기 위해 기초화장품부터 색조화장품까지 다 쓰고 싶어하는 니즈가 있다. 그 니즈를 끌어냄과 동시에 충족시킬 수 있는 방법을 제시하자 주저하지 않고 세트를 구매했다.

고객들이 겉으로 드러내는 니즈에만 주목했다면 고가의 화장품 세트 판매는 불가능했을 것이다. 고객들의 니즈를 쫓지만 말고, 때로는 고객들도 미처 모르는 그들의 니즈를 발견하고 디자인할 때 영업 실적은 비약적으로 성장할 수 있다.

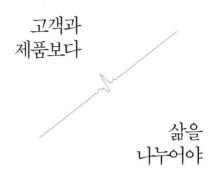

고객과
제품보다

삶을
나누어야

나는 보험 영업을 할 때부터 지금까지 고객 한 사람 한 사람의 특성에 맞는 일대일 고객관리를 해왔다. 의례적이면서도 천편일률적인 서비스 대신 고객에게 맞는 특별한 맞춤서비스를 하려고 노력했다. 그래서 고객들과 한번 연을 맺으면 오랫동안 관계를 유지할 수 있었다.

사실 고객맞춤 서비스는 나만 언급하는 것이 아니다. 고객관리의 중요성을 아는 사람이나 기업들은 고객맞춤 서비스를 모토로 한다. 그럼에도 불구하고 여전히 고객들이 만족하지 못하고 떠나는 이유는 제대로 일대일 고객맞춤 서비스를 하지 못하기 때문이다.

고객맞춤 서비스를 제대로 하려면 고객 한 사람 한 사람을 소중하게 대하고 소통을 잘해야 한다. 그래야 고객이 무엇을 필요로 하는지 알 수 있고, 고객에게 맞는 서비스를 할 수 있다.

그들에게 나를 스토리텔링하라

나는 고객을 만날 때 제품을 팔기 전에 인간적인 관계를 형성하기 위해 노력한다. 제품을 팔고자 하는 목적으로 다가가면 열이면 열 거부감을 갖고 뒷걸음질을 친다.

좋은 관계를 형성하려면 서로의 삶을 나누어야 한다. 하지만 처음 보는 사람에게 자기 이야기를 선뜻 털어놓는 사람은 거의 없다. 고객이 마음을 열고 자기 삶을 이야기하게 하려면 먼저 내 삶을 언급하는 것이 순서다.

나는 고객을 만나면 내 이야기부터 풀어놓는다. 왜 메리케이에서 일하는지, 어떤 아내, 어떤 엄마가 되고 싶었는지, 앞으로 어떤 일을 하고 싶은지를 솔직하고 진정성 있게 이야기한다. 듣기 좋은 말만 골라 하지도 않는다. 자녀들 때문에 힘들었던 일도 솔직하게 털어놓고, 어떻게 극복할 수 있었는지도 가감 없이 이야기한다.

내 삶을 스토리텔링하면 상대방도 자연스럽게 마음을 연다. 하지만 그보다 중요한 것은 내가 어떤 사람인지를 충분히 알 수 있게 하기 위해서다. 제품은 누가 파는가가 중요하다. 파는 사람에게 신뢰가 가지 않으면 그 제품이 아무리 좋아도 미덥지 않다. 그래서 나는 고객이 마음의 문을 열지 않고 나를 신뢰하지 않으면 클래스도 진행하지 않는다. 믿음이 없는 상황에서는 아무리 미사여구를 동원해 설명해도 귀담아 들으려 하지 않기 때문이다.

고객의 마음을 열고 신뢰를 얻는 일은 어렵지 않다. 팔려고 하지 말고, 진심으로 고객을 돕고자 하는 마음으로 다가가 진정성 있게 내 삶을 스토리텔링하면 된다. 진심이 통하면 고객은 나를 판매자가 아닌 삶을 나누고

120

도움을 받을 수 있는 친구로 대한다. 그리고 거부감 없이 편안하게 자신을 풀어놓는다.

삶을 나눌 때 맞춤서비스도 열린다

나는 클래스를 하기 전에 고객과 충분한 대화를 한다. 고객을 잘 알아야 고객에 맞게 클래스를 하고, 이후에도 고객이 원하는 서비스를 제공할 수 있기 때문이다. 1시간에 걸쳐 대화를 나누는데, 그 시간이면 아주 충분하지는 않지만 피부와 관련된 고민은 말할 것도 없고, 고객이 어떤 일을 하는지, 성격은 어떤지, 무엇을 좋아하는지 알 수 있다. 때로는 남들에게는 미처 말하지 못했던 내밀한 고민까지 털어놓는 고객들도 있다.

고객이 마음을 열고 들려준 이야기는 고객의 특성에 맞추어 클래스를 하는 데 큰 도움이 된다. 모공이 고민이라면 모공을 효과적으로 관리해줄 수 있는 방법을 클래스에서 알려주고, 잡티가 문제라면 잡티에 집중해 클래스를 한다. 또한 고객의 성향과 취향을 감안해 클래스를 진행하는 방식에도 변화를 준다.

클래스가 끝나고 고객이 제품을 구매했다고 끝이 아니다. 오히려 그때부터 본격적인 고객맞춤 서비스가 시작된다. 고객이 돌아가면 며칠 후에 전화를 걸어 제품을 잘 쓰고 있는지 체크한다. 건조함에 대한 니즈가 있었는데 건조함이 해결되었는지, 사용하는 데 불편함은 없는지, 궁금한 사항은 없는지 물어본다. 제품에 관련된 내용만 질문하는 것이 아니라 근무시간, 식사는 했는지, 컨디션은 괜찮은지와 같은 일상적인 질문도 한다.

제품과 관련 없는 일이라도 혹시라도 내가 도울 수 있는 일이 있는지 알수 있기 때문이다.

얼마 전, 젊은 발레리나 강사를 만났다. 피부가 건조해 고민이라고 해서 클래스를 해주고, 이후 지속적으로 관심을 갖고 연락했더니 엄마 같다며 고마워한다. 지속적인 관심이라고 해서 사실 특별한 것은 아니다. 가끔 문자로 '밥 먹었느냐?'고 물어보고, 필요한 것이 있으면 채워주려고 마음을 쓰는 것이 전부다. 예를 들어 그녀가 이사 가던 날, 식사를 챙기지 못할 것 같아 샌드위치를 사서 주었더니 무척 고마워했다. 어찌 보면 사소한 일이지만 고객은 필요한 순간에 누군가가 알아서 작은 도움을 주면 그것만으로도 감동한다.

누구나 특별한 존재가 되고 싶어한다. 내가 누군가에게 있어도 없어도 그만인 사람이라면 그런 관계를 지속시키고 싶어하지 않는다. 고객맞춤 서비스는 고객을 특별한 존재로 대접할 때 비로소 가능하다. 그래서 나는 절대로 일괄적으로 문자를 보내지 않는다. 새해, 명절, 크리스마스 때도 마찬가지다. 각 고객의 상황과 특성에 맞는 내용을 각기 다르게 작성해 보낸다. 누구한테나 보내는 메시지가 아니라 나만을 위한 메시지임을 확인할 때 관계는 더욱 돈독해지고 친밀해진다.

인간적인 관계가 돈독해지면 고객맞춤 서비스를 하기가 더 쉽다.

거절
당할수록

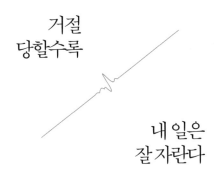

내 일은
잘 자란다

한 번도 영업을 해보지 않은 사람이 영업에 뛰어들기는 쉽지 않다. 굳게 마음먹고 영업을 해보기로 결심했다고 끝이 아니다. 영업은 사람이 중심이다. 사람을 만나지 않고는 영업이 불가능한데, 만남 자체가 어려운 경우가 많다. 일단 만나야 고객이 무엇을 원하는지 들을 수 있고, 제품을 설명할 수도 있는데 만나주려 하지도 않는다.

사실 초보 영업자에게는 고객에게 다가서는 것부터가 힘겨운 도전이다. 그런데 조심스럽게 "안녕하세요? ○○의 △△△입니다"라고 인사를 건넸는데 대뜸 "됐어요, 전 필요 없어요", "바빠요"라며 거부하면 다리에 힘이 풀린다.

한번 거절을 경험하면 그 다음 고객을 만날 때는 더 떨린다. 또 지난번처럼 거절당하면 어쩌나 전전긍긍하며 다가간다. 거절당한 충격이 크면 아예 다가가지도 못하고 고객 주변을 맴돌다 지레 포기하고 다른 곳으로 발걸음을 옮기기도 한다.

영업하는 사람들에게 거절은 떼려야 뗄 수 없는 숙명과도 같다. 피할 수 없다. 거절에 익숙해지고 현명하게 대처하지 못하면 영업인으로 크게 성장하기 어렵다.

그들이 거절하는 건 당연하다

거절당하면 '저 사람은 내가 마음에 안 드나봐', '내가 뭘 잘못했나?' 하며 자기 탓을 하고 위축되기 쉽다. 하지만 처음 만났을 때 거절은 본능적인 것이다. 낯선 사람을 만나면 자동으로 경계태세에 돌입해 상대방이 내게 해가 될지 아닌지를 판단한다. 확실한 판단이 서기 전까지는 무조건 거절한다. 좋은 사람인지 아닌지 판단은 그 이후다.

이처럼 사람은 누구나 처음 보는 사람을 심리적으로 거부한다. 내가 무엇을 잘못하거나 부족해 거절하는 것이 아니라 본능적으로 거절한다. 내가 아닌 다른 누군가였어도 똑같이 거절했을 텐데, 나라서, 내가 부족하고 마음에 들지 않아 거절했다고 생각하며 상처를 입는다.

거절은 당연하게 받아들여야 한다. "안녕하세요. 삼성화재 서영순입니다" 혹은 "메리케이 서영순입니다"라고 인사를 건네며 손을 내밀었을 때 선뜻 손을 잡아주기를 기대해서는 안 된다. 문전박대를 당하거나 상대방이 안면몰수하고 모른 척하는 것이 당연하다고 생각해야 한다.

당연히 거절당할 것이라 생각하고 상대방의 마음을 두드리면 상대방이 마음을 열지 않아도 감정적으로 흔들리지 않을 수 있다. 단 한 번의 만남으로 영업의 결실을 맺는 사람은 단언컨대 극히 드물다. 대부분 수없이 거절을 겪고 난 후 영업을 성사시킨다.

영업하려면 거절을 당하고도 또 다시 고객을 찾을 수 있는 용기를 가져야 한다. 감정이 다친 상태에서는 쉽게 용기가 나지 않는다. 그래서 거절을 당연시해야 한다. 처음 만난 사람에게 경계심을 갖고 거절하는 것이 당연하다고 생각하면 담담하게 거절에 대처할 수 있다.

나도 거절을 숱하게 경험했다. "안녕하세요. 삼성화재 서영순입니다"라고 인사하면 "저, 이미 보험 많이 들었거든요" 혹은 "보험에는 관심 없어요"라며 피하는 이들이 많았다. 그래도 상처받지 않았다. 내가 싫거나 내게 문제가 있어서 피하는 것이 아니라 단지 보험에 관심이 없어 거절하는 것이라고 받아들였기 때문이다. 그렇게 생각하자 상대방이 거절해도 또 다시 찾아가는 데 큰 어려움이 없었다.

거절은 당연하지만 거절을 극복하면 상대방의 마음을 얻는 데 그리 오랜 시간이 걸리지 않는다. 처음에는 본능적으로 거절부터 하지만 두 번, 세 번 만나면서 대부분 경계를 풀기 때문이다. 진심으로 상대방을 대하면 마음을 열기까지의 거절의 횟수는 더욱 줄어든다. 내 경우 보통 서너 번 정도 만나면 고객이 마음을 열었다.

거절당하지 않으려면 먼저 주어라

영업하는 사람이 특히 거절을 많이 당하는 이유는 팔려고만 하기 때문이다. 팔려고 하기보다 주려고 해야 거절당할 확률도 그만큼 줄어든다. 자신에게 무언가를 얻으려는 사람은 경계하기 마련이지만, 어떤 형태로든 순수한 마음으로 자신에게 도움을 주려는 사람을 거절할 이유가 없다.

영업하는 사람이 줄 수 있는 최상의 선물은 정보다. 고객에게 꼭 필요한, 유용하면서도 신뢰할 만한 정보는 언제나 고객을 즐겁게 해준다. 그런 정보는 그냥 얻어지지 않는다. 미에로화이바 대리점을 운영할 때부터 지금까지 나는 항상 안테나를 세우고 열심히 정보를 수집했다. 자녀교육, 재테크, 건강을 비롯해 일상에서 필요한 정보는 물론 전문적인 수준의 정보까지 습득하기 위해 꾸준히 노력했다. 보험 영업을 할 때는 금융전문가 수준의 지식을 갖추기 위해, 메리케이에서 입사한 후로는 피부전문가가 되기 위해 공부했다.

영업을 제대로 하려면 제품을 올바르게 이해해야 한다. 제품에 대한 기본적인 정보는 대개 회사 측에서 제공한다. 하지만 제품을 팔기 위해서가 아니라 고객에게 도움을 주기 위해서라면 좀 더 객관적이고 깊이 있는 정보를 제공해야 한다. 그래서 나는 회사에서 준 자료에만 의지하지 않고 관련 서적이나 잡지 등을 보면서 공부했다.

피부에 대해 공부할 때는 피부과 전문 병원에도 많이 다녔다. 병원에는 미안한 말이지만, 손님을 가장하고 피부에 대해 이런저런 상담을 받으면서 많은 정보를 얻을 수 있었다. 병원에 비치해놓은 사례집이나 피부 관련 전문 잡지도 큰 도움이 되었다. 그렇게 6년 정도 회사 교육에 기초해 꾸준히 공부하자 피부에 관한 한 누구와 이야기해도 빠지지 않을 정도로 전문적인 지식을 갖출 수 있었다.

전문적인 정보와 일상생활에 필요한 일반적인 정보로 무장하고 고객들을 만나면서 거절의 횟수는 대폭 줄었다. 거절은커녕 오히려 먼저 만나고 싶어하는 이들도 생겼다. 정보가 풍부해지자 처음 만난 사람과도 2, 3시간쯤은 시간 가는 줄 모르고 소통할 수 있다.

줄 것도 없으면서 상대방의 귀한 시간을 축내면 거절은 계속 반복될 수밖에 없다.

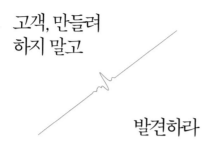

고객, 만들려
하지 말고

발견하라

"저는 영업이 처음이에요. 아는 사람도 없는데 누구한테 제품을 팔아야
할지 막막해요."

메리케이에 입사한 뷰티 컨설턴트에게 수도 없이 듣는 말이다. 이렇게
말하는 이들은 우선 영업을 잘못 이해하고 있다. 영업은 아는 사람에게
제품을 파는 것이 아니라 그 제품을 필요로 하는 사람의 니즈를 충족시켜
주는 것이다. 단지 안면이 있다는 이유만으로 필요하지도 않는 제품을 파
는 것은 영업이 아니라 도와달라는 간청일 뿐이다.

고객은 나와 친밀한 사람이 아니다. 제품을 필요로 하는 사람이면 알거
나 모르더라도 모두 고객이 될 수 있다. 굳이 내가 일부러 찾아가지 않아
도 주변을 둘러보면 언젠가는 내 고객이 될 잠재고객이 무궁무진하다. 아
는 사람이 없다는 것은 핑계에 불과하다. 깨닫지 못했을 뿐 이미 주변에는
잠재고객이 숱하다. 그런 잠재고객을 발견하는 것이 영업의 출발점이다.

잠재고객은 언제 어디서나 있다

일반적으로 영업을 할 때 고객을 발견하는 과정은 3단계로 나뉜다.

1단계는 일상생활 속에서 자연스럽게 만나는 사람들 중에서 고객을 발견하는 것이다. 아무리 숫기가 없고, 주변 사람들과 교류가 없는 사람이라도 기본적으로 최소 6명에서 8명의 잠재고객을 갖고 있다. 친한지 친하지 않은지는 상관없다. 상대방이 내 고객이 될 생각이 없다고 해도 괜찮다. 심지어 나만 알고 상대방은 나를 모른다 해도 아무런 문제가 되지 않는다. 동네 마트나 세탁소 주인, 아이의 피아노 선생님을 비롯해 일상생활에서, 내 가까운 곳에서 만나는 사람들은 모두 잠재고객이다. 그들을 발견하고 소통을 시작하는 것이 1단계다.

2단계는 혈연, 지연, 학연으로 엮인 사람들을 만나는 단계다. 영업을 처음 하는 사람들 중에는 이 단계부터 진입하는 경우가 많다. 혈연, 지연, 학연을 중시하는 우리나라에서는 2단계 영업이 보편화된 것도 사실이다. 하지만 이 단계에서도 아는 사람이 아닌 고객으로 접근해 니즈를 충족시켜주어야 진정한 고객이 될 수 있다. 가족이기 때문에, 친구라서, 고향사람이기 때문에 니즈가 없어도 어쩔 수 없이 한 번은 사줄 수 있겠지만 두 번, 세 번 계속 사주기는 불가능하다.

메리케이에 처음 입사했을 때 3분의 시간을 주고 아는 사람을 적으라고 했다. 1, 2단계에서 만날 수 있는 사람들을 적는 것인데, 나는 75명을 적었다. 시간 여유가 충분했다면 더 많이 적었을 것이다. 만약 다른 사람들처럼 아는 사람을 친한 사람, 제품을 소개하면 사줄 수 있는 사람으로 생각했다면 10명도 적지 못했을 것이다. 내가 아는 모든 사람이 다 고객이라고 생각했기 때문에 거침없이 적을 수 있었다.

생각을 바꾸면 고객은 무궁무진하다. 커피숍에서 일하는 이들도, 경비실에서 든든한 파수꾼 역할을 해주는 경비 아저씨도 고객이 될 수 있다. 얼마 전부터 건강관리를 위해 헬스클럽에 다니는데, 운동도 재미있지만, 그곳에서 새로운 사람을 만나는 재미가 쏠쏠하다. 열심히 운동하는 모습을 보며 "어머, 운동 열심히 하시네요"라며 관심을 보이는 분들이 많은데, 그분들이 언젠가는 내 고객이 될 수도 있다고 생각하니 마음이 설렌다.

이처럼 1, 2단계에서 만나는 사람들의 수는 마음먹기에 따라 얼마든지 늘릴 수 있다. 그들을 고객으로 만드는가는 이후의 일이다. 잠재고객은 생각만 바꾸면 얼마든지 많다. 그러므로 아는 사람이 없어서 영업을 할 수 없다는 말은 할 필요가 없다.

마지막 3단계는 소개다. 소개는 기본적으로 1, 2단계에서 알게 된 사람들에 의해 이루어진다. 그래서 이미 잘 알고 지낸 지인이라고 해도 고객으로 만족시키는 것이 중요하다. 만족하지 않았는데 다른 누군가를 소개하기는 어려운 일이기 때문이다. 소개가 본격적으로 시작되면 고객은 기하급수적으로 늘어난다. 그때부터는 누구를 만나야 할 고민을 할 필요도 없다. 만족한 고객이 알아서 계속 다른 고객을 소개시켜주기 때문이다.

먼 곳의 고객이 가장 가까운 고객

영업을 할 때 아는 사람부터 만나는 경우가 흔하다. 아는 사람이 다 고객이 되는 것은 아니지만 적어도 만남 자체를 거부하지는 않는다. 안면이 없는

130

사람과는 몇 마디 이야기 나누는 것조차 힘들다 보니 아는 사람을 선호한다.

하지만 나는 처음부터 모르는 사람부터 시작했다. 특히 보험을 할 때는 더욱 그랬다. 선택의 여지가 없었다. 남편 따라 내려갔던 순천은 그야말로 아는 사람 하나 없는 낯선 곳이었다. 미에로화이바 대리점을 하면서 알게 된 거래처 사장님들이 있기는 했지만 찾아가 보험을 권유할 엄두가 나지 않았다. 그때만 해도 영업도 처음이고 서툴러 주변 가까이에 잠재고객이 포진해 있다는 것조차 몰랐다.

어차피 주변에 아는 사람이 없다면 나와 전혀 상관없는 이들을 찾아야 했다. 무작정 집에서 멀리 떨어진 곳까지 나가 보험이 필요하다고 생각되는 곳이 있으면 밀고 들어갔다.

삼성화재의 주상품은 손해보험으로, 화재가 났을 때 손실을 보존해주는 화재보험, 운전을 하다가 사고가 일어났을 때 도움이 되는 운전자보험, 사고로 신체에 상해를 입었을 때 상해의 정도에 따라 보험금을 지급하는 상해보험 등이 이에 해당한다. 손해보험은 개인과 기업 모두 들 수 있지만 개인보다는 기업을 대상으로 하는 것이 효과적이리라 판단했다. 미에로화이바 대리점을 운영하면서 기업 대 기업 차원에서 거래처 사장님들을 고객으로 만들었던 경험도 개인보다 기업고객을 선택하는 데 한몫했던 것 같다.

기업을 상대하기가 쉽지는 않았지만, 일단 빌딩 문을 열고 들어가면 그 안에는 수많은 잠재고객이 있다. 회사 차원에서 보험을 들게 하려면 최종 결정권자인 사장님을 만나야 한다. 하지만 나는 사장님만 만나는 것이 아니라 그 회사에 근무하는 사람 모두를 잠재고객으로 만들곤 했다.

보통 사람들은 한 사람을 만나기로 약속하면 그 한 사람만 만나고 온다. 나는 약속 장소에 3명 있으면 그들 모두를 잠재고객으로 만들었다. 그러려면 준비가 필요하다. 왜 보험을 가입해야 하는지 설득력 있게 설명하면 약속한 당사자는 물론 주변에 있던 이들까지 관심을 갖게 된다. 주변 사람들의 관심을 모으면 그때부터는 그 한 사람만이 아니라 여러 명을 상대로 한 영업이 가능하다.

삼성화재에 출근한 첫날, 회사가 부여한 첫 임무는 설문조사를 받아오는 일이었다. 혼자 힘으로 여러 명을 상대하는 영업이 가능하다는 것을 그때 경험했다.

사람들이 많이 모여 있는 곳에 가서 설문조사를 하는 취지를 설명하고 응해주기를 부탁하면 주변 사람들이 자연스럽게 궁금해하며 모여들었다. 그때를 놓치지 않고 "선생님도 하나 써주세요. 보험 드는 거 아니니까 마음 놓고 써주시기만 하면 돼요"라고 말하며 설문조사를 부탁했다.

이런 방식으로 5명이 있던 곳에서는 5명의 설문조사를, 10명이 있던 곳에서는 10명의 설문조사를 받을 수 있었다. 보이는 모든 사람을 잠재고객으로 만드는 전법으로 그날 무려 197명의 설문조사를 받아냈다.

지금 생각하면 멀리 떨어진 고객부터 만났기 때문에 10년 동안 꾸준히 보험 영업을 할 수 있었던 것 같다. 아는 사람이 없었다는 게 다행스럽기도 하다. 지인영업은 출발은 쉽다. 결과도 나처럼 모르는 사람부터 찾아다닌 사람보다 훨씬 좋다. 하지만 뒷심이 없다. 아는 사람만 찾아다니며 인정에 호소해 상품을 팔면 진짜 영업에 익숙해질 기회가 없기 때문에 아는 사람이 바닥나면 영업도 끝나는 경우가 많다.

멀리서부터 시작하면 다르다. 모르는 사이이기 때문에 왜 보험을 들어야 하는지를 설득시키지 못하면 고객으로 만들 수 없다. 스스로 필요성을 느껴 가입한 고객은 만족도가 높은 법이다. 그리고 소개는 만족한 고객들로부터 나온다.

멀리서부터 시작했어도 고객을 만족시켜 소개가 나오기 시작하자 고객을 만나기 위해 움직여야 하는 반경이 점점 좁아지기 시작했다. 처음에는 반경 250킬로미터 밖에서부터 영업을 시작했지만 2, 3년 열심히 노력하자 고객들이 다른 고객들을 소개시켜주었다. 그러면서 활동반경은 80킬로미터로 좁혀졌다. 몇 년 더 지나자 30킬로미터로 좁혀졌고, 보험 시작 8년차에 접어들면서부터는 불과 몇 미터 내외로 좁혀졌다. 그때는 가만히 앉아 있어도 영업이 가능했다. 사무실이나 커피숍에서 전화만 받아도 일주일치 약속 스케줄이 꽉 찼다.

물론 멀리서부터 영업을 시작하기는 쉽지 않다. 하지만 가까이에서부터 잠재고객을 발견하는 것보다 멀리서부터 잠재고객을 발견해 고객으로 만들었을 때의 결과는 큰 차이가 난다. 멀리서부터 고객을 만났을 때 더 멀리 높게 갈 수 있다. 실제로 영업을 잘한다고 소문난 이들은 지인영업에 매달리지 않는다. 대부분 멀리 있는 잠재고객부터 공략하기 때문에 시간이 지날수록 더 쉽게 더 많은 고객을 확보하고 매출도 꾸준히 늘어난다.

이미지
메이킹도

전략이다

외모가 경쟁력이라고 말하는 사람들도 많다. 능력보다는 외모로 사람을 평가하고, 어린 학생들도 못생긴 선생님보다는 예쁜 선생님을 더 좋아하는 세상이다.

무조건 외모로 사람을 평가하는 것은 분명히 잘못된 일이다. 하지만 이왕이면 다홍치마라고 능력이 엇비슷하면 아무래도 이미지가 좋은 사람을 선호하기 마련이다. 꼭 잘생기고 예뻐야 한다는 말이 아니다. 외모가 그리 예쁘고 잘생기지 않았어도 호감이 가고 신뢰가 가는 외모가 있다. 외모에만 신경 쓰는 것은 문제지만, 일적인 능력을 열심히 계발하면서 좋은 이미지를 만드는 것은 문제가 되지 않는다. 오히려 경쟁력으로 작용한다.

일만 잘하면 되는 세상은 지났다. 이미지 메이킹이 필요하다. 스스로 자신의 이미지를 어떻게 만들 것인가를 고민하고 노력할 때 자신의 가치는 더욱 빛날 수 있다.

좋아하는 것보다 어울리는 이미지를

누구나 자기가 선호하는 이미지가 있다. 자신에게 어울린다고 생각하거나 익숙하고 편안하게 느끼는 이미지를 좋아한다. 찰랑거리는 긴 머리를 좋아하는 사람이 있는가 하면 짧은 커트머리를 선호하는 이들도 있다. 옷도 마찬가지다. 여성미를 한껏 강조한, 레이스가 풍성한 공주 타입의 옷을 좋아하는 여성이 있는가 하면 깔끔한 정장을 좋아하는 이들도 있고, 캐주얼한 편안한 복장을 즐겨 입는 여성들도 있다.

어떤 헤어스타일을 하고 어떤 옷을 입더라도 그것은 개인의 자유다. 자기가 좋아하는 헤어스타일을 하고 옷을 입으면 그만이다. 하지만 일할 때는 다르다. 일할 때는 자기가 선호하는 이미지가 아니라 일에 어울리는 이미지를 갖출 필요가 있다.

나는 보험 영업을 할 때는 늘 바지만 입었다. 회사에서 규정한 의복 지침은 따로 없었지만 바지 정장을 선택했다. 바지가 좋아서 그런 것은 아니다. 내가 판매하는 보험의 고객이 주로 남성들이었기 때문에 여성스러운 이미지보다는 커리어우먼 이미지가 더 필요하다고 판단했기 때문이다.

거꾸로 생각하는 사람들도 있었다. 남성 고객들이 많으니 매력적인 여성 이미지를 부각시키면 더 쉽게 계약을 딸 수 있다고 조언도 들었지만 바지 정장을 고수했다. 보험전문가로 당당하게 보험의 필요성을 설명하고 계약을 성사시키고 싶었다. 여성의 매력을 팔아 일을 하느니 차라리 일하지 않는 것이 낫다고 생각했다.

헤어스타일은 처녀 때부터 지금까지 짧은 커트머리를 고수하고 있다. 긴

머리는 초등학생 때 외에는 한 적이 없다. 결혼하고 딱 한 번 단발 파마를 한 적이 있는데, 어색하고 예쁘지도 않아 곧 원래대로 돌아왔다. 커트는 내가 선호하는 헤어스타일이다. 반곱슬이라 커트만 해놓아도 모양이 예쁘게 잡혔다.

일을 하는 데도 짧게 자른 머리는 좋은 이미지로 작용했다. 커트가 내게 잘 어울리기도 했지만 단정하면서도 활기찬 이미지를 연출해 일하는 데 큰 도움이 되었다. 다 그런 것은 아니지만, 대표적인 여성 경영자들이나 전문 직업에 종사하는 여성들은 대부분 머리가 짧다. 개인적으로도 짧은 머리를 좋아했고, 일하는 데도 짧은 머리가 긍정적인 이미지로 작용한다는 것을 확인하고 커트머리 사랑은 더 커졌다. 수십 년을 똑같은 스타일의 짧은 커트를 고수한 지금, 짧은 커트머리는 나를 대표하는 트레이드마크 역할을 하고 있다.

삼성화재는 특별한 복장 규정이 없었지만 메리케이에서는 치마 정장에 앞이 막힌 구두가 기본이다. 디렉터가 되면 디렉터 수트를 입어야 하는 규정도 있다. 10년 동안 보험 영업을 하면서 바지 정장에 익숙해질 대로 익숙해진 터라 처음에는 치마가 불편하고 어색했다.

메리케이에서 치마 정장을 권하는 데는 이유가 있었다. 메리케이의 주된 고객은 여성이다. 그것도 예쁘고 아름다워지고 싶어하는 여성들이기 때문에 단정하면서도 여성적인 모습에 더 호감을 느낄 수 있다. 머리도 엉망진창이고 바지를 입은 채로 아름다운 모습을 가꾸라고 말한다면 신뢰가 가지 않는 것은 당연하다. 삼성화재에서 일할 때는 바지 정장이 좋은 이미지를 만들었지만 메리케이에서는 치마 정장이 더 좋은 이미지를 만든다는 데 동의하고 치마 정장을 입었다.

이처럼 어떤 분야에서 주로 어떤 고객을 상대하느냐에 따라 경쟁력을 높여주는 이미지는 따로 있다. 개인적으로 몸매가 드러나는 옷을 선호한다고 업무 성격상 그런 옷차림을 고수할 수는 없다. 점잖은 사람들과 중요한 미팅을 하는데 부엌에서 요리할 때 입던 옷을 그대로 입고 나간다면 미팅을 시작하기도 전에 무례한 사람으로 낙인찍힐 수 있다.

업무의 성격을 잘 이해하고 그에 어울리는 이미지를 만드는 것이 중요하다. 일과 어울리는 이미지 메이킹은 전략이 될 수 있지만 일과 상관없이 개인적인 취향에 맞춘 이미지 메이킹은 독이 될 수 있다. 다만, 일에 어울리면서도 개인적인 특성이나 선호도를 반영해 개성을 부각시킬 수 있다면 금상첨화가 아닐까.

이미지 메이킹이 자신감을 만든다

기본적으로 이미지는 남들의 눈에 보이는 것이다. 일부러 보지 않는 한 내가 내 모습을 볼 기회는 많지 않다. 내 모습은 주로 남들이 본다. 결국 이미지 메이킹은 나보다는 다른 사람들의 시선 때문에 하는 것이기도 하다.

하지만 남들에게 좋게 보이기 위해서만 이미지 메이킹이 필요한 것은 아니다. 자신의 이미지를 최상으로 디자인하면 자신감이 생긴다. 화장을 예쁘게 해 스스로 만족하면 남들이 예쁘다고 말하지 않아도 얼굴에 자신감이 넘친다. 평소 집에서 입던 후줄근한 옷을 벗어던지고 고급스러운 정장을 입으면 자신의 품격이 한 단계 업그레이드된 것 같은 느낌을 받는다.

메리케이를 설립한 메리 케이 애시 여사가 쓴 책《열정은 기적을 낳는다》에도 이미지 메이킹이 얼마나 중요한지를 말한 대목이 있다.

연수에 참석했던 한 뷰티 컨설턴트가 그녀에서 조언을 구했다. 그 뷰티 컨설턴트는 몇 달 동안 빠짐없이 연수에 참여하면서 열심히 스킨케어 클래스를 했지만 매출이 저조했다. 아무리 열심히 해도 클래스에서 100달러 이상의 매출을 올린 적이 없었다. 어떻게 하면 매출을 올릴 수 있느냐는 질문에 그녀는 이렇게 대답했다.

"자신감을 가져야 합니다. 스킨케어 클래스에 앞서 머리를 단정히 빗고, 손톱도 더 손질해야 합니다. 클래스 때 입을 화려한 드레스가 없다면 한 벌 장만하도록 하세요."

뷰티 컨설턴트는 경제적으로 어려워 최근 몇 년 동안 새 옷을 산 적이 없었다. 하지만 그녀의 조언을 듣고 연수가 끝나자마자 바로 새 옷을 샀고, 그날 밤 있었던 클래스에서 100달러의 매출을 올릴 수 있었다. 새 옷 덕분이라 생각하고 또 다른 새 옷을 샀고 두 번째 클래스에서도 그 이상의 매출을 올렸다. 세 번째 클래스도 똑같은 방식으로 100달러 이상의 매출을 기록했다.

어떻게 이런 일이 가능할까? 뷰티 컨설턴트는 새 옷을 산 덕분에 매출이 올랐다고 생각했지만 진짜 비밀은 따로 있다. 옷이 날개라고, 뷰티 컨설턴트는 새 옷을 입고 달라진 모습에 자신감을 가졌다. 스스로에게 당당해지자 제품을 소개할 때도 더 열정적으로, 확신에 넘쳐 소개했고, 그 결과 고객들의 마음을 움직일 수 있었던 것이다.

최상의 이미지를 만들기 위해 반드시 새 옷을 사고 무리하게 투자할 필요는 없다. 돈이 아니라 마음이 이미지를 만든다. 있는 옷들 중에서 가장 좋은 옷을 입고, 깔끔하게 머리 손질을 하고, 예쁘게 화장만 해도 충분하다. 스스로를 귀하게 여기고 대접하면 절로 당당해진다.

나는 일하러 나갈 때가 아니더라도 외모에 신경을 많이 쓰는 편이다. 잠깐 장을 보러 나갈 때도 일하러 나갈 때처럼 갖춰 입고 나갔고, 하물며 쓰레기를 버리러 갈 때도 이미지에 신경 썼다. 메리케이에서 핑크색 벤츠를 받은 후에는 더 이미지를 관리한다. 핑크색 벤츠가 워낙 눈에 띄다 보니 아파트 주민들이 대부분 나를 알아보기 때문이다. 언젠가는 고객이 될지도 모르는데, 흐트러진 모습을 보여 이미지를 망가뜨릴 이유는 없다.

집에서까지 이미지를 관리하는 내 모습이 지나치다고 여길 수도 있다. 인정한다. 하지만 내게 이미지 메이킹은 전략인 동시에 자기관리의 한 과정이다. 끊임없이 스스로를 긴장시키고 관리한 덕분에 나는 언제 어디서든 당당할 수 있다.

이미지 메이킹은 인격으로 완성된다

사람의 첫인상은 만난 지 불과 3초 만에 결정된다고 한다. 그 짧은 시간에 상대 이미지의 90퍼센트를 결정하고 이후에는 그 이미지에 따라 상대의 말과 행동을 판단한다. 첫인상이 나쁘면 이후 아무리 진심으로 말하고 행동해도 좋게 보이기 어렵다. 그래서 첫인상이 중요하다.

3초는 얼굴과 전체적인 이미지를 보기에도 짧은 시간이다. 따라서 첫

인상을 좋게 하려면 이미지에 많은 영향을 미치는 옷차림과 머리에 특히 신경 써야 한다. 첫인상은 고작 3초 안에 결정되지만 첫인상을 교정하는 데는 무려 30시간이 걸리기 때문에 더욱 철저하게 최상의 이미지를 준비해야 한다.

하지만 겉으로 보이는 이미지가 전부는 아니다. 첫인상에 결정타 역할을 하는 것은 말이다. 말은 인격을 반영한다. 몇 마디만 나누어 봐도 따뜻한 사람인지, 오만한 사람인지, 신뢰할 만한 사람인지가 드러난다. 말의 내용과 상관없이 말투가 이미지를 좌우하기도 한다. 외모는 흠잡을 데 없는데 투박하고 촌스러운 말투로 이야기를 한다면 이미지는 단숨에 추락한다.

인격은 외모보다 우선한다. 설령 외모에서 풍기는 이미지가 부족하더라도 인격이 잘 갖춰져 있으면 이미지를 보완할 수 있다. 반면에 이미지는 인격의 부족함을 채워주지 못한다. 외모를 아무리 잘 가꿔도 인격이 좋지 않으면 이미지 메이킹은 실패할 수밖에 없다.

인격은 오랜 세월에 거쳐 형성된 것이기 때문에 하루아침에 좋은 인격을 만들기는 어렵다. 하지만 눈에 보이는 외모만 가꿔서는 이미지 메이킹을 하는 데 한계가 있다. 보이지 않는 인격도 분명한 자기관리가 필요하다. 사람들을 따뜻하게 품을 수 있고, 겸허하면서도 당당하고, 누구나 신뢰할 수 있는 사람이 되기 위해 노력한다면 그만큼 좋은 인격을 갖출 수 있을 것이다.

당장의
이익보다

비전에
투자하라

영업만큼 시시각각 매출 압박을 받는 일도 드물다. 영업의 결과가 바로 매출로 나타나니 어쩔 수 없는 일이다. 압박이 심한 만큼 결과에 대한 피드백도 분명하다. 실적이 좋으면 그만큼 대우도 좋고, 반대로 실적이 저조하면 질책을 받는다.

이처럼 매출에 따라 대우와 평가가 달라지다 보니 당장 눈앞에 보이는 이익을 좇는 경우가 많다. 하지만 눈앞의 이익에 연연해서는 크게 성장하기 어렵다. 당장은 좋을 것 같아도 눈앞의 이익을 좇다 보면 더 큰 이익을 놓치기 쉽다. 시간이 지나도 여전히 하루 벌어 하루 사는 신세를 면할 수 없다.

여러분은 어디에 투자하고 있습니까

나는 나와 함께 일하는 뷰티 컨설턴트들이 교육을 많이 받을 수 있도록 물심양면으로 지원을 아끼지 않는다. 회사 차원에서 하는 교육도 있지만, 우리 뷰티 컨설턴트들이 뷰티 전문가가 되려면 더 많은 교육이 필요하다고 생각했기 때문이다.

눈앞의 이익만을 생각한다면 교육에 시간과 돈을 투자하기가 어렵다. 나도 그렇고 뷰티 컨설턴트들도 그렇다. 그럼에도 불구하고 교육에 투자를 아끼지 않는 것은 미래를 위해서다. 매주 진행하는 미팅을 통해 그녀들이 뷰티 컨설턴트를 뛰어넘어 뷰티 전문가가 되도록 교육시킨다. 체계적인 과정을 밟아 그녀들이 뷰티 전문가로 자리매김할 때, 그곳에 이른 그녀들이나 그녀들을 지도한 나나 가슴이 뿌듯해진다. 지원을 아끼지 않는 회사 역시 그렇다. 그런 과정을 거쳐, 자기 일 틈틈이 문화센터나 각종 단체에서 메이크업 강의를 하는 이들이 적지 않다.

그녀들을 가르쳐 그녀들이 남다른 여성으로 일어서는 것은 회사로서나 내게 더할 나위 없는 기쁨이다. 그들에게 도움이 된다는 것만으로도, 그녀들과 함께한 시간은 누구보다 소중하다. 그래서 나는 그녀들에게 당부한다. 이 시간이 고되지만 결과는 결코 속이지 않으며, 그럴수록 경쟁력은 필수라고. 특히 메리케이의 뷰티 컨설턴트라면 말이다.

이제 메리케이의 뷰티 컨설턴트들은 화장품만 잘 알아서는 경쟁력이 없다. 전문가가 되어야 한다. 그래서 뷰티 컨설턴트들에게 회사에서 진행하는 교육 과정은 빠짐없이 들으라고 조언한다. 회사에서 5주 과정으로 진행하는 메이크업 강좌는 물론 그 밖에도 전문성을 키우는 데 도움이 되는 과정을 추천하곤 한다.

피부를 전문적으로 공부할 수 있는 기회도 제공한다. 내 경험상 피부를 깊이 있게 공부해 전문가 수준에 이르면 고객을 설득하기가 한결 쉬웠다. 앵무새처럼 제품의 기능만을 이야기하는 것보다 피부를 전문적으로 접근해 해결 방법을 제시할 때 고객은 감동할 수밖에 없다.

뷰티와 관련한 전문지식뿐만 아니라 비즈니스 이미지를 만드는 방법, 비즈니스 매너, 표현법, 강의법, 예의범절 등도 교육한다. 영업을 하면서 개인적으로 이런 교육을 많이 받았기 때문에 내가 직접 소화할 수 있는 교육도 많다. 그런 교육은 직접 하고, 부족한 부분은 외부에서 강사를 초빙해 진행했다.

교육의 효과는 곧바로 매출로 이어지지는 않는다. 하지만 교육은 자신의 경쟁력을 높이기 위한 가장 좋은 투자다. 자기계발을 하지 않은 채 늘 하던 방식대로 영업을 하면 하향곡선을 그릴 수밖에 없다. 새로운 변화에 맞는 새로운 지식과 경쟁력으로 무장하고 영업을 해야 지속적으로 성장할 수 있다. 지금 당장은 교육을 받음으로써 매출이 줄어 손해인 것 같지면 교육의 결과는 반드시 눈덩어리처럼 커져서 돌아온다.

10을 투자하면 훗날 100으로 돌려주는 것이 교육이다. 교육만큼 확실한 미래를 위한 투자는 없다. 오늘보다 내일 더 멋지게 일하고 싶다면 교육을 통한 자기계발을 게을리 해서는 안 된다.

눈앞의 상품이 아닌 비전을 팔아라

내가 좋아하고 존경하는 인물 중 하나가 폴 마이어다. 그의 이야기는 단숨에 나를 사로잡았다. 그는 보험 영업으로 27세의 젊은 나이에 백만장자가 된 입지전적인 인물이다. 나도 보험 영업을 한 적이 있어서 그의 성공 스토리가 더욱 각별하게 느껴졌는지도 모르겠다.

그는 키가 작고 말도 어눌했다. 고객을 설득해야 하는 영업인으로서는 불리한 조건이었다. 실제로 19세에 어렵게 취업한 한 보험회사에서 말을 더듬는다는 이유로 3주 만에 쫓겨 난 적도 있다. 그랬던 그가 백만장자가 되고 교육, 컴퓨터, 소프트웨어, 금융, 부동산, 제조, 항공을 비롯해 40여 개가 넘는 회사를 운영하고, 인재교육기관을 설립한 세계적인 부호가 될 수 있었던 것은 간절하게 꿈꾸었기 때문이다.

그가 거액의 보험을 성사시킨 일화는 내게 큰 파문을 일으켰다.

어느 날, 그는 길을 가다 멋진 스포츠카를 보았다. 경치 좋은 별장 앞에 꿈에서나 볼 수 있을 법한 멋진 자태를 뽐내는 차였다. 그는 곧바로 차번호를 수첩에 적어 시청으로 달려가 차 주인의 주소와 전화번호를 알아냈다. 그런 다음 차 주인에게 편지를 썼다.

아름다운 별장과 멋진 스포츠카를 가진 분이라면 틀림없이 성공 비결을 알고 계시리라 믿습니다. 금전적인 도움이나 취직자리를 부탁하려는 것이 아니니, 부디 15분만 시간을 내어 그 지혜를 나눠주시기 바랍니다.

하지만 주인은 방문을 허락하지 않았다. 여러 차례 전화를 걸었지만 번번이 거절당했다. 그래도 포기하지 않고 끈질기게 전화해 결국 약속을 얻어냈다.

폴은 차 주인을 만나 진지하게 성공 비결을 경청했다. 차 주인도 그의 열

144

정에 빠져들어 15분의 약속 시간은 30분을 지나 2시간으로 늘어났다. 귀한 시간을 너무 많이 빼앗았다는 생각이 든 그가 서둘러 자리에서 일어나자 차 주인이 그런 그를 잡았다. 그리고 그의 직업을 묻고 도움이 되고 싶다고 했다. 그는 여러 차례 사양했지만 차 주인은 그의 열정과 꿈을 높게 평가해 거듭 직업을 물었고, 그 자리에서 엄청난 거액의 계약을 해주었다.

만약 그가 처음부터 보험 계약을 해달라고 했다면 어떻게 되었을까? 차 주인은 만나는 것조차 허락하지 않았을 것이다. 설령 만나서 보험을 들어주었다 하더라도 소액의 보험에 사인하고 서둘러 자리를 피했을 것이다. 하지만 차 주인은 거액의 보험을 들었을 뿐만 아니라 다른 사람들에게도 그를 소개해주었다. 그가 보험을 팔지 않고, 자신의 꿈과 열정으로 상대방을 감동시켰기 때문에 가능한 일이다.

영업은 눈앞의 이익에 연연해서는 안 된다. '돈은 좇으면 좇을수록 멀리 도망간다'는 말은 영업을 할수록 진리임을 확인한다. 눈앞의 돈을 좇지 말고 자신의 꿈을 향해 열정을 불사르며 최선을 다하면 돈은 자연스럽게 따라온다. 실적을 많이 올리려 하지 말고 꿈의 크기를 키워야 한다. 꿈을 크게 꾸고 노력할수록 이익의 크기도 달라지기 때문이다.

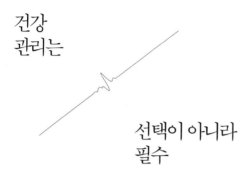

건강
관리는

선택이 아니라
필수

　일을 잘하려면 갖춰야 할 것도, 해야 할 것도 아주 많다. 일과 관련한 전문지식도 갖춰야 하고, 여러 가지 일을 효율적으로 처리하려면 시간 배분도 잘해야 한다. 어디 그뿐인가. 영업은 말할 것도 없고, 모든 일이 사람을 중심으로 진행되기 때문에 사람간의 관계를 잘 풀 수 있는 소통법도 알아야 한다. 또한 일을 시작해 성과를 내기까지는 수많은 우여곡절을 겪어야 하므로 어려운 일이 있을 때마다 다시 일어설 수 있는 마인드 컨트롤도 필요하다.

　하지만 이 모든 것보다 우선해야 할 것이 있다. 바로 건강이다. '돈을 잃으면 일부를 잃는 것이지만 돈을 잃으면 전부를 잃는다'는 말은 이미 수없이 많이 들어 진부하기까지 할 것이다. 아직 건강을 잃어본 적이 없는 사람이라면 더욱 실감하기 어렵겠지만, 아무리 머리가 좋고 재능이 많아도 건강이 받쳐주지 않으면 일을 할 수가 없다.

　일하고 싶다면 건강부터 챙겨야 한다. 나이가 들어도 오랫동안 일을 즐기면서 재미있게 살고 싶다면 더더욱 건강이 중요하다. 정년은 나이가 아니라 건강에 의해 결정된다는 사실을 나 또한 건강을 잃은 후에야 겨우 깨달았다.

건강은 돈으로도 살 수 없다

3년 전까지 나는 내 건강을 자신했다. 워낙 타고난 건강 체질이기도 했고, 평소 건강에 관심이 많아 몸에 좋은 음식과 영양소를 잘 챙겨먹었기 때문이다. 영업을 하다 보면 술을 마셔야 할 일도 있고, 실제로 영업하는 사람들이 술을 많이 하기도 하지만 나는 일체 술을 입에 대지 않았다. 술을 매개로 하지 않아도 얼마든지 영업을 잘할 수 있다고 생각했기 때문이다. 몸에 좋은 것 잘 챙겨먹고 건강을 해치는 주범인 술을 멀리하면서 조금은 안심했던 것도 같다.

일을 시작하고 20여 년 동안은 아무 문제가 없었다. 2011년 5월로 기억한다. 아침에 출근해서 계단을 오르는 데 너무 힘들었다. 한 계단 올라갈 때마다 숨이 차고 떨렸다. 사무실이 4층이었는데, 4층까지 올라가는 데 15분이나 걸렸다. 평소 같았으면 2, 3분이면 거뜬히 올라가던 계단이었다.

몸이 힘들다고 비명을 지른 것인데도 일이 바빠 바로 병원에 가지 못했다. 그러는 동안 살이 빠지기 시작했다. 2개월 만에 8킬로그램이 빠졌다. 대학병원에서 3주 동안 여섯 번이나 검사를 받았는데도 원인을 찾아내지 못했다.

분명히 이상은 있는데 원인을 모르니 답답했다. 누군가가 몸이 약해지는 나를 걱정하며, 종합건강검진을 받아보라고 권했다. 처음에는 흘려들었다. 160만 원씩이나 하는 프리미엄 건강검진을 받은 지 몇 개월이 채 지나지 않았기 때문에 건강검진을 한들 원인이 밝혀질 것 같지가 않았다. 그래도 지푸라기라도 잡는 심정으로 다른 대학병원에서 정밀검진을 받았다. 그런데 갑상선 기능 항진증이었다.

전혀 예상하지 못한 병과 마주하면서 많이 생각했다. 70, 80세가 되어도 계속 현역에 있고 싶었는데 건강 때문에 하고 싶은 일을 하지 못할 수도 있다는 경각심이 들었다. 처음으로 그런 생각이 들었다. 그러면서 내 몸을 사랑하고 아끼지 않은 나를 반성했다. 나름 건강에 신경을 썼다고 생각했지만 따지고 보면 돈으로 건강을 사려고 했다는 자책이 밀려왔다.

아무리 많은 돈을 주고 좋은 음식과 건강에 좋은 영양제를 먹어도 생활습관이 좋지 않으면 건강할 수 없다. 내 생활습관에는 수면시간이 절대적으로 부족했고, 운동을 전혀 하지 않는다는 치명적인 문제가 있었다. 병이 나기 전까지 평균 수면시간은 3, 4시간에 불과했다. 잠잘 시간도 부족한데 따로 시간을 내어 규칙적으로 운동한다는 것은 꿈도 꾸지 못했다. 시간을 투자해 건강관리를 할 수 없으니 좋은 영양제를 먹거나 가끔씩 경락마사지를 받으면서 위안을 삼았다.

병이 난 후에야 그동안 내가 얼마나 건강에 오만했는지를 가슴 깊이 반성할 수 있었다. 정신이 퍼뜩 들었다. 병원에서 처방해준 갑상선 약을 3주 정도 복용하자 증세가 호전되기 시작했다. 병원을 열심히 오가고 약을 꼬박꼬박 챙겨먹은 덕분에 2년 만에 완치할 수 있었다.

그런데 더이상 약을 먹지 않아도 된다는 기쁨도 잠시였다. 이번에는 살이 찌기 시작했다. 갑상선 기능 항진증으로 갑자기 8킬로그램이 빠졌던 몸무게는 치료하면서 정상으로 돌아왔는데 이후 8킬로그램이 더 쪘다. 한창 몸무게가 줄었던 때를 기준으로 하면 체중이 16킬로그램이 불어난 셈이다.

체중이 불어나면서 몸이 산뜻하지 않았다. 갑상선 기능 항진증 진단을 받고 수면시간을 5시간으로 늘리고 일도 줄였는데도 피곤했다. 너무 오랫동안 수면부족과 과로에 시달리다 보니 몸의 균형이 깨진 모양이었다. 수면시간을 더 늘리고 일을 줄이는 것만으로는 부족했다. 오랜 시간에 걸쳐 깨진 몸의 균형을 근본적으로 바로잡으려면 식이요법과 운동요법을 병행해야 한다는 조언을 듣고 바로 헬스클럽에 등록했다. 식이요법도 영양학적으로 균형을 이루면서 살을 빼는 데 도움이 되는 식단을 짜서 열심히 실천했다.

한참 일에 빠져 있을 때는 솔직히 운동시간이 아까웠다. 하지만 건강을 잃고 난 후 비로소 깨달았다. 일할 시간을 줄여 운동하는 것이 아니라 더 많은 일을, 더 오랫동안 즐기면서 하기 위해 운동을 해야 한다는 것을 말이다.

운동도 잘못하면 독이 된다고?

무엇이든 과하면 부족함만 못한 것 같다. 건강의 중요성을 실감하고 의욕적으로 운동을 시작한 후 두어 달 가량 몰두했다. 헬스와 필라테스를 병행했는데, 제대로 운동하고 싶은 마음에 전문 트레이너까지 두고 정말 열심히 운동했다. 한번 시작했다 하면 몇 시간씩 강도 높은 운동을 했다.

이 책 초고를 완성할 때까지만 해도 괜찮았다. 하지만 초고가 거의 끝나갈 무렵부터 몸에서 이상신호가 나타나기 시작했다. 원래 일단 무언가를 시작하면 하기 싫다고 엄살을 부리거나 꾀를 부리지 않는 스타일인데 언제부터인가 피곤하고 통증이 심해져 자꾸 운동하기가 싫어졌다. 그래도 참았다. 운동을 하면 통증이 어느 정도 가라앉아 더 열심히 운동에 임했다.

족히 일주일 이상은 통증을 참고 운동했던 것 같다. 결국 참다못해 병원에 가서 근육통 치료를 받았지만 차도가 없었다. 통증은 점점 더 심해졌고, 열흘쯤 지나자 피부에 발진이 생기기 시작했다. 그제야 근육통이 아니라 대상포진이라는 진단을 받았다.

대상포진은 참으로 무서운 병이다. 통증은 말로 표현할 수조차 없을 정도다. 주로 면역력이 약해졌을 때 걸리는 병이라는데, 내 경우 갑자기 강도 높은 운동을 과하게 하다 면역력이 약해졌던 것 같다. 전문 트레이너가 처음에는 내 나이를 고려해 운동 강도를 약하게 조절했는데, 열심히 운동하며 시키는 대로 곧잘 따라했더니 운동 강도를 높인 게 화근이었다.

대상포진의 후유증은 집요했다. 근육통인 줄 알고 바로 치료를 시작하지 못해 통증도 오래 이어졌고, 무기력해졌다. 건강을 회복하는 것이 급선무라는 생각에 일도 대폭 줄이고, 충분한 휴식을 취하며 치료를 받았는데도 회복이 더뎠다. 심지어 우울증까지 생겼다. 내 평생 그런 감정은 처음 경험했다. 남편을 따라 순천에 내려가 살 때 도시생활이 그리워 우울했던 적은 있었지만 그때와는 비교할 수 없을 정도로 심했다. 잠도 잘 못 자고, 미래가 없다는 생각이 들면서 불안했다. 육체가 정신에 얼마나 큰 영향을 미치는지 처음으로 실감했다.

건강을 회복하면서 우울증은 많이 좋아졌다. 나른하고 무기력했던 몸에 활력이 생기면서 의욕도 되찾았다. 예전에는 마음이 번잡할 때는 더 열심히 일을 해 감정을 추스를 수 있었는데, 대상포진으로 몸이 약해질 대로 약해지니 마음대로 되지 않았다. 일을 하고 싶은 의욕이 완전히 바닥난 상태에서 아무리 마음을 다잡아도 소용없었다.

두 달 동안 대상포진과 사투를 벌이면서 중요한 교훈을 얻었다. 건강관리는 일상이 되어야 한다는 것을 말이다. 건강관리를 하겠다고 갑자기 의욕에 넘쳐 무리하게 운동하면 오히려 독이 될 수 있음을 비싼 대가를 치르고서야 알았다. 그래도 대상포진으로 고생하면서 아픈 사람들의 마음을 더 깊이 헤아릴 수 있게 된 것은 큰 소득이다.

내게 박수칠 때와 나를 다독일 때

병이 난 후 내 몸을 돌보지 않고 미친 듯이 일만 한 것을 반성했다. 그러면서도 한편으로는 그렇게 열정적으로 몰입한 시간이 있었기에 오늘의 내가 있다는 생각도 든다.

한참 일에 몰입할 때는 완급을 조절하지 못했다. 특히 메리케이에 처음 입사한 후 몇 년 동안은 더 일에 몰두했다. 어떻게 그렇게 미친 듯이 일을 할 수 있었는지 가끔 나 자신도 신기할 정도다.

순천에 있을 때 메리케이에 입사했기 때문에 처음에는 순천 에어리어에 소속되어 일했다. 메리케이는 에어리어와 상관없이 전국 어디에서나 영업을 할 수 있다. 순천에 소속되어 있다고 순천에서만 영업을 할 수 있는 것이 아니어서 매주 서울에 올라왔다. 순천보다는 인구가 훨씬 많은 서울에 잠재고객이 더 많다고 생각했기 때문이다.

순천에서 서울까지의 거리는 약 370킬로미터였다. 자동차로 부지런히 달려도 꼬박 4시간 30분가량 걸렸다. 그 먼 길을 2006년부터 2009년까지 수없이 왕복했다. 처음에는 매주 한 번씩 서울에 올라왔다.

순천에서 오후 4시에 출발해 저녁 8시나 9시에 도착해 미리 약속을 잡아둔 클래스를 진행하고 밤 12시에 다시 순천으로 출발했다. 순천에 도착하면 새벽 4시 30분. 졸리고 피곤해서 휴게소에서 잠깐 눈을 붙이고 가면 새벽 5시였다. 2, 3시간 자고 아침에 가족들 챙겨 남편 출근시키고 아이들 학교에 보내고 9시까지 회사에 출근했다. 서울에서 너무 늦게 일이 끝나면 가끔 사우나에서 자고 새벽에 순천으로 출발하기도 했다.

순천과 서울을 왔다 갔다 하면서 하루에 4회에서 6회의 클래스를 했다. 클래스를 한 번 하는 데 1시간에서 1시간 30분 정도 걸리니 클래스를 하는 데만 하루에 최소 4시간에서 최대 9시간을 몰입한 셈이다.

그때는 일이 재미있어 자거나 먹지 않아도 열정이 넘쳤다. 열정적으로 일하다 보니 도저히 감당할 수 없을 정도로 일이 많아져 즐거운 비명을 지를 때도 있었다. 그럴 때마다 일을 줄이기보다는 일할 때의 동선과 시간을 잘 고려해 최적의 스케줄을 짜 모두 소화하려고 노력했다.

일 속에 파묻혀 살면서 마음이 흔들릴 때도 있었다. 서울에서 일이 점점 많아지면서 매주 한 번씩 서울에 올라오던 것이 두 번, 세 번으로 늘었다.

서울에서 순천으로 내려가려면 정읍, 백양사, 광주를 거쳐야 한다. 겨울에는 새벽 2시에서 4시 사이가 가장 춥다. 백양사 부근의 철교를 지나는 시간이 보통 새벽 3시 30분경인데, 철교 밑에 다다르면 '영순아, 이 새벽에 무엇을 위해 목숨을 걸고 달리니?'라는 의문이 들곤 했다. 철교에서 풍

152

기는 스산함과 차가운 공기가 따뜻한 아랫목을 생각나게 해서일까.

솔직히 그때 왜 철교 밑을 지날 때마다 그런 생각을 했는지는 잘 모르 겠다. 하지만 곧 마음을 추스르곤 했다. 일을 하는 목표와 일에 몰입할 때 의 즐거움을 떠올리면 흔들리는 감정은 금방 평정을 찾았다.

하루 2, 3시간씩 자며 일에 몰입하기란 쉬운 일이 아니다. 또 그렇게 몸 을 혹사하며 장시간 일에 몰입하는 것이 바람직하다고 생각하지 않는다. 가정을 이룬 여성이라면 더더욱 그렇다. 하지만 그때 그렇게 몰입하지 않 았다면 남들이 놀랄 만한 실적을 내지는 못했을 것이다.

얻은 게 있으면 잃는 게 있다고들 한다. 일에 몰입해 놀라운 성과를 낸 대신 건강을 잃고 난 후 새삼 이 말이 맞다는 것을 실감했다. 하지만 과연 반드시 하나를 얻는 대신 하나를 잃을 수밖에 없는지 궁금해진다. 둘 다 를 얻을 수는 없을까.

쉽지는 않지만 몰입과 휴식으로 완급조절을 하면 가능할 것 같다. 일할 때는 그 일에 몰입해 최선을 다하고, 쉴 때는 완벽하게 휴식을 취한다면 일도 잘하면서 동시에 건강도 지킬 수 있지 않을까.

미친 듯이 일에 몰두할 때는 일에 투자하는 시간이 성과와 비례한다고 생각했다. 하지만 건강을 잃고 일하는 시간을 줄인 지금 성과는 큰 차이 가 없다. 얼마나 오래 일하는가보다는 짧은 시간이라도 얼마나 몰입하는 가가 중요하다. 몰입도를 높이면 일하는 시간을 줄여도 성과를 향상시킬 수 있다. 몰입으로 일하는 시간을 줄이고, 그렇게 확보한 시간에 충분한 휴식을 취한다면 건강도 지키고 에너지를 재충전해 일에 더욱 몰입하는 선순환이 가능하다.

She's got a dream does not stop

The art of mothering is to teach the art of living to children
자녀를 키우는 것은 자녀에게 삶의 기술을 가르치는 것이다

3

현명한 여자는
언제나 아름답다

가족은
무조건 믿어주는 존재가 아니라
내가 믿게끔 해야 하는
소중한 사람들이다

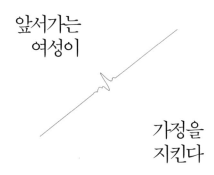

앞서가는
여성이

가정을
지킨다

결혼 후에도 여전히 자신을 삶의 주인공으로 세우고 사는 여성들이 얼마나 될까? 안타깝게도 그리 많은 것 같지 않다. 결혼 전에는 활발하게 사회활동도 하고 자기를 계발하는 데 열심이었던 여성들도 결혼 후에는 변한다. 자신의 이름보다는 ○○○의 아내, 며느리, 엄마에 익숙해진다. 자기보다는 가족을 위해 헌신하는 존재로 자리매김한다.

물론 행복한 가정을 만들기 위해 자기를 희생하는 모습은 아름답다. 나또한 아내, 엄마, 며느리로 최선을 다하며 산다. 하지만 그러면서도 분명한 자신만의 삶이 있어야 한다. 스스로가 주체가 되어 꿈을 꾸고, 자신을 위해 투자해야 한다. 자신을 위해서도 가족들을 위해서도 그렇게 하는 것이 좋다. 나를 버리고 스스로를 가족의 보조적인 역할로 규정하면 문제가 생길 때마다 남편 탓, 가족 탓을 하게 된다.

손바닥은 마주쳐야 소리가 난다. 부부간의 갈등도, 고부간의 갈등도 어느 한 쪽의 잘못만으로는 일어나지 않는다. 그런데 주도적이며 앞서가는 삶을 살지 않으면 자신의 문제는 보지 못하고 남 탓만 하게 된다. 그 때문에 갈등이 깊어지고, 최악의 경우 가정이 깨질 수도 있다.

남편의 무능은 남편이 못나서라고?

부부 갈등을 부추기는 원인은 다양하다. 생활습관이나 성격 차이로 갈등을 빚기도 하고, 남편이나 아내의 외도로 부부관계에 치명적인 상처가 생기기도 한다. 이 외에 경제적인 문제도 큰 비중을 차지한다. 결혼은 생활이다. 사랑에 빠져 있을 때는 돈이 없어도 행복할 수 있을 것 같지만 막상 달콤한 신혼생활이 끝나면 현실을 직시하게 된다.

요즘에는 여성들의 사회참여가 활발해지면서 맞벌이부부도 많다. 하지만 여전히 가정에서의 경제적인 책임은 남편에게 있다고 생각한다. 여성들이 결혼해 경제활동을 하지 않는 것은 당연시하면서도 남편이 돈을 벌지 못하면 죄인 취급을 한다. 남편이 돈을 벌어도 원하는 삶을 사는 데 부족하면 남편은 무능력자로 전락한다.

"남편 월급이 쥐꼬리라서 아이들 교육도 제대로 시킬 수가 없어요. 아이들도 못난 아빠 만나 고생이죠."

"결혼한 후에 친정 부모님 용돈 한 번 드린 적이 없어요. 나도 효도 좀 하고 싶은데 남편 월급으로는 엄두도 못 내요."

"결혼 전에는 나름 패셔니스타였는데 이제는 1년에 한 번도 새 옷 사기가 힘들어요."

경제적으로 넉넉지 못해 겪어야 하는 불만은 대부분 남편에 대한 원망으로 이어진다. 다른 집의 수입을 비교하며 남편의 무능함을 한탄한다.

할 수 있는데도 게을러 일하지 않은 탓에 돈을 벌지 못한다면 비난받아 마땅하다. 하지만 열심히, 성실하게 일하는데도 월급이 적다는 이유로 가장의 책임을 다하지 못했다는 비난을 들어야 할까.

나는 결혼해서 지금까지 한 번도 남편의 월급이 적다는 말을 한 적이 없다. 남편은 경찰공무원이었다. 공무원 월급은 일반 기업체에 비해 적다. 남편의 월급만으로는 내가 꿈꾸던 삶을 살기 어려웠지만 남편이 원망스럽지는 않았다. 원망할 이유도 없었다. 그렇다고 내가 꿈꾸던 삶을 포기하고 남편의 월급 수준에 맞춰 살기도 싫었다. 그렇다면 방법은 하나뿐이었다. 남편에게만 의지하지 말고 내가 벌면 해결할 수 있는 문제였다.

경제적인 어려움을 호소하는 여성들에게도 내가 그랬던 것처럼 직접 벌라고 권한다. 그러면 집안일만 한 지 이미 오래되었는데 어떻게 다시 일을 할 수 있느냐고 반문하곤 한다. 육아문제 때문에 일하기 어렵다는 이들도 부지기수다.

일할 마음이 있다면 얼마든지 돈을 벌 수 있다. 반드시 직장에 나가야만 돈을 벌 수 있는 것은 아니다. 알뜰하게 살림해 소비를 줄이거나 가정에서 부업을 하는 것도 돈을 버는 경제활동이다.

신혼 초, 부산에서 살 때 부업을 많이 했다. 부산 양산에는 큰 공업단지가 있었다. 지금은 LG전자로 이름이 바뀐 금성사의 공장도 그곳에 있었는데, 그곳에서 텔레비전 부품인 다이얼 만드는 일을 받아 했다. 지금은 리모컨 버튼으로 조작하지만 당시에는 다이얼을 돌려 채널을 맞추었다.

선천적으로 부지런하고 잠도 없는 편이어서 정말 열심히 부업을 했다. 부업 단가가 얼마 되지 않았음에도 부지런히 일해 남편의 월급에 손대지 않고도 생활할 수 있을 정도로 돈을 벌었다. 그렇게 2, 3년 지나자 서울에 조그만 집 한 채 살 수 있는 돈이 모였다.

서울에 올라와서도 계속 허리띠를 졸라맸다. 사실 나는 저축보다는 소비를 좋아하는 성향이지만 무리하게 빚을 내어 소비하지는 않는다. 없으면 없는 대로 잘 산다. 또 내가 원하는 삶을 살기 위해서라도 저축이 필요해 정말 알뜰살뜰하게 살림을 했다. 서울로 이사 온 후 몇 년 동안은 공중목욕탕도 가지 않았다. 당시 목욕비가 500원이었던 것으로 기억하는데, 그 돈을 아끼느라 집에서 물을 데워 대신했다. 남편도 마찬가지였다.

아이들이 자라 본격적으로 교육비가 들기 시작하면서부터는 절약만으로는 필요한 돈을 마련하기 어려웠다. 남편의 월급이 한정되어 있으니 아이들 교육을 포기하든지, 아니면 내가 돈을 벌어 교육시킬 수밖에 없었다. 만약 내가 월급이 적어 아이들을 교육시킬 수 없다고 남편 탓을 하거나 월급은 한정되었는데 무리하게 거액의 교육비를 지출했다면 심각한 부부 갈등으로 이어졌을지도 모른다.

부부는 서로 부족한 점을 탓하기보다 보완해주어야 할 존재다. 남편을 탓하기만 하면 한 달에 천만 원을 벌어다주는 남편도 무능력하게 보일 수 있고, 한 달에 100만 원을 벌어도 아내가 남편의 노고를 존중하고 보완해주기 위해 노력하면 당당하고 멋진 남편이 될 수 있다.

앞서가려면 틀에 갇히지 마라

경제적인 어려움에 처했을 때 많은 여성들이 남편 탓을 하는 데는 그럴 만한 이유가 있다. 우리나라에서는 아주 오랫동안 남성은 밖에서 돈을 벌어오고, 여성은 집에서 살림하고 아이를 키우는 것으로 역할을 규정했다. 아무도 여성에게 돈을 벌 것을 요구하지 않았다. 오히려 결혼한 여성이 집밖으로 나가 돈을 벌겠다고 하면 곱지 않은 시선을 보내기도 했다. 그러다 보니 가정경제는 당연히 남편이 책임져야 한다고 여겼던 것도 무리는 아니다.

하지만 시대는 달라졌다. 지금은 양성평등시대다. 남녀의 역할이 따로 없다. 한동안 남녀에게는 분명한 차이가 있기 때문에 모든 일을 남녀가 똑같이 하기는 어렵다는 의견이 지배적이었다. 예를 들어 힘을 많이 써야 하는 일은 신체적으로 여성이 불리하고, 감성과 세심함을 요하는 일은 남성이 잘하기 어렵다고 생각했다. 나름 설득력 있는 말이지만 이 또한 지금은 큰 공감을 불러일으키지 못한다.

산업화가 진행되면서 육체적인 힘을 필요로 했던 많은 일을 기계가 대신하고 있다. 감성이 여성만의 전유물이 아니라 여성보다 더 풍부한 감성과 섬세함을 가진 남자들도 많다는 연구 결과도 속속 발표되고 있다. 더이상 남녀의 차이를 거론하는 것은 큰 의미가 없는 세상이 되었다. 남성들만의 공간이라고 생각했던 분야에 여성이 진출하고, 반대로 여성들만의 공간이라 여겼던 분야에 남성들이 진출한 지 이미 오래이기 때문이다.

가정에서의 남녀의 역할도 경계가 모호해졌다. 맞벌이부부가 늘면서 가사를 공동으로 분담하는 것이 당연해졌고, 엄마보다 더 적극적으로 육아와 자녀교육에 참여하는 아빠도 많아졌다. 이런 세상에 남편 일, 아내 일 따로 구분하며, 가정경제의 책임을 전적으로 남편에게 돌리는 것은 자신의 삶을 포기하겠다는 선언과 다름없다.

스스로 주체가 되어 사는 여성들은 남을 탓하지 않는다. 내가 아는 여성 중 흔히 말하는 남편과 아내의 역할을 바꿔 사는 분이 있다. 처음부터 그랬던 것은 아니다. 첫애를 낳을 때까지만 해도 맞벌이를 했지만 아이가 셋이 되면서부터는 맞벌이가 어려워졌다. 연로하신 부모님께 아이 셋을 다 맡기기도 어렵고, 어린이집에 맡기는 것도 여의치 않았다. 무엇보다 부모의 손길이 필요한 시기의 아이들을 남의 손에 맡기는 게 마음에 걸렸다.

부부는 깊은 고민에 빠졌다. 이런 경우 보통 엄마가 직장을 그만두는 게 통례지만 그러기에는 너무나 아까웠다. 근무조건도 좋고 연봉도 높은 데다 일도 재미있고 발전 가능성도 무궁무진했기 때문이다.

부부는 진지하게 고민한 끝에 남편이 직장을 그만두기로 결정했다. 남편이 다니던 직장도 조건이 나쁘지는 않았지만 아내의 직장보다도 못했고, 무엇보다 남편이 하고 싶었던 일이 아니었다. 가장이라는 책임감 때문에 억지로 직장에 다니며 스트레스를 받느니 아이들을 맡아 키우는 쪽이 훨씬 낫다고 판단했다. 남편은 아이들을 사랑하면서도 아이들을 인격체로 대하는 편이라 아내보다 더 아이들을 잘 키울 것이라는 데 의견을 모았다.

주변에서 말이 많았다. 아무리 사정이 있어도 어떻게 남자가 집에 들어앉을 수 있느냐, 남편 벌어다주는 돈으로 살림하는 게 여자의 행복인데, 아내에게 너무 무거운 짐을 안겨준 거 아닌가, 저렇게 역할이 바뀌면 부부

사이가 나빠져 결국 갈라서게 된다는 등 온갖 우려와 조언이 쏟아졌다.

주변의 우려와는 달리 현재 그 부부는 행복하게 살고 있다. 가끔은 각자의 역할이 힘들게 느껴질 때도 있지만 그렇다고 남 탓은 하지 않는다. 남편이나 아내 모두 누구의 강요도 없이 스스로 자신의 삶을 선택했기 때문이다.

남편 역할, 아내 역할을 따로 규정하지 않으면 크고 작은 가정문제를 훨씬 현명하게 풀 수 있다. 앞의 부부 이야기는 서로 원하던 삶을 선택해 책임감을 갖고 사는 이상적인 사례다.

이런 경우보다는 현실적으로 원하지는 않았지만 어쩔 수 없이 선택해야 하는 상황이 많다. 예를 들어 남편이 실직한 후 아무리 애써도 직장을 구하지 못해 어쩔 수 없이 여성들이 생활전선에 나설 수도 있다. 이때 남편이 해야 할 일을 어쩔 수 없이 대신한다고 생각하면 스트레스가 쌓이고 남편에 대한 원망이 깊어질 수밖에 없다. 하지만 남편이 힘들 때 당연히 대신 돈을 벌 수 있다고 생각하면 원망보다는 대신할 수 있어서 다행이라고 생각하게 될 것이다.

양성평등시대인 지금, 자신의 역할을 한정하고 보조자로 가두면서 동등한 대우를 받기를 원하는 것은 불공평하다. 주도적인 여성들은 "난 여자니까 살림만 잘하면 돼" 혹은 "난 엄마니까 아이만 잘 키우면 돼"라고 역할을 한정짓지 않는다. 내 일, 남 일 구분하지 않기 때문에 어떤 역할이든 해야 한다고 판단되면 기꺼이 한다.

스스로 선택한 일이라면 생색내거나 원망할 일이 없고 갈등이 생길 이유도 없다.

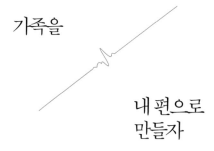

가족을

내 편으로
만들자

흔히 가족은 무조건적인 내 편이어야 한다고 생각한다. 논리에 맞지 않아도, 윤리에 어긋나도 무조건 나를 이해하고 지지해주기를 바란다. 실제로 가족은 아무것도 따지지 않고 무조건 가족 편에 선다. 남편의 잘못으로 직장 상사로부터 질책을 받았어도 무조건 직장 상사를 비난하고, 아이가 학교에서 말썽을 부렸어도 혼내기보다는 아이의 변명을 믿어주려는 것이 가족이다.

하지만 가족이라고 언제나 생각이 같을 수는 없다. 그런데도 가족이라는 이유만으로 생각이 달라 내 생각을 받아들이지 않으면 섭섭해한다. 가족이 아니라면 생각이 다르다고 감정이 상하지는 않는다. 설령 생각이 달라도 합의점을 도출해내야 한다면 차분하게 왜 그런 생각을 했는지 설명하고 이해를 구할 수 있다.

가족이라고 무조건 나를 믿어주고 지원해주기를 바라는 것은 지나친 욕심이다. 가족을 내 편으로 만들려면 노력해야 한다. 아무런 노력도 없이 하고 싶은 대로, 살고 싶은 대로 살면 갈등만 깊어질 수밖에 없다.

비즈니스를 하듯 가족을 설득해야

처음 보험 일을 하겠다는 의사를 밝혔을 때 남편과 시어머니는 극구 반대했다. 즉흥적으로 보험 일을 하겠다고 마음먹은 것이 아니었다. 신중하게 고민하고 검토한 끝에 내린 결정이었다.

"왜 군이 보험을 하려고 해? 지금 하는 대리점만으로도 충분하잖아."

남편 말대로 미에로화이바 대리점은 아무 문제없이 성공가도를 달리고 있었다. 미에로화이바 전국 대리점들 중 매출 1위를 기록할 정도로 판매가 잘 되어 그만큼 수입도 많았지만 더 많은 돈이 필요했다. 아이들을 글로벌 인재로 키우겠다는 마음으로 해외 어학연수를 보낸 시점이라 지출이 많았다. 돈도 돈이지만 육체적으로도 힘들었다. 원래 허리가 좋지 않았는데 무거운 박스를 수시로 들다 보니 허리 통증이 심해졌다. 육체적으로 힘을 쓰지 않고 할 수 있는 일을 하고 싶은 마음이 절실했다.

왜 보험 일을 하려고 하는지를 설명했지만 남편과 시어머니는 강경했다. 남편과 시어머니가 반대하는 이유는 조금 달랐다.

시어머니는 보험 일을 하다 보면 바람나기 쉽다는 이유로 반대했다. 유난히 엄격하신 시어머니였다. 결혼 직후 1년 정도 시어머니와 살았던 적이 있다. 며느리에게 가풍을 가르치겠다는 의도였는데, 함께 사는 동안 엄격하게 바깥출입을 통제했다. 24살 어린 신부가 혹시라도 밖에서 다른 남자와 눈이 맞을까 우려해서였다. 그랬던 시어머니였기에 보험 일을 하면서 남자들을 많이 만나다 보면 바람이 날 수 있다고 생각한 것은 당연한 일이다.

남편은 어머니처럼 바람날까 걱정스러워하지는 않았다. 그보다는 보험으로 돈을 버는 사람보다 빚을 지는 이들이 더 많다며 우려했다. 경찰로 일하면서 보험 일을 하다 큰 빚을 지고 집안이 파탄 나는 경우를 많이 봤다며 반대했다.

가족의 동의를 구하려면 설득이 필요했다. 마치 거래처에서 프레젠테이션을 하듯 자료를 준비해 설득했다. 막연하게 "열심히 보험 일을 해 돈을 많이 벌겠다"가 아니라 왜 보험 일을 하려고 하는지, 어떤 방법으로 할지, 몇 년 안에 최고가 될지, 얼마를 벌 계획인지를 조목조목 설명했다. 구체적인 계획과 분명한 목표를 제시하자 남편과 시어머니는 더이상 반대하지 않았다.

가족의 갈등은 상당 부분 너무 가까운 사이여서 생긴다. 굳이 말하지 않아도, 눈빛만 봐도 서로 이해하고 믿어줄 수 있어야 가족이라고 생각한다. 그 때문에 자신의 생각이나 계획을 세세히 이야기하지 않는다. 그러면서도 무조건적인 믿음과 지지를 기대하고, 그렇지 않으면 섭섭해하거나 상처를 입는다.

생각이 다를 때 혹은 가족을 설득해야 할 때는 가족이 아닌 비즈니스 상대로 생각하면 훨씬 효과적으로 설득할 수 있다. 비즈니스를 성사시키려면 구체적인 비전과 목표를 제시하고, 어떻게 실현할 수 있는지 방법까지 설득력 있게 제시해야 한다. 뜬구름 잡는 이야기나 의욕만 앞세워 열

166

심히 하겠다는 말만으로는 상대의 마음을 움직이기 어렵다. 비즈니스를 할 때처럼 가족을 설득할 때도 철저한 준비로 구체적인 프레젠테이션을 하면 가족의 동의를 얻을 수 있다.

비즈니스 상대로 생각하면 감정을 다칠 우려도 적다. 비즈니스 상대가 이견을 제시하거나 반대하는 일은 대부분 자연스럽게 받아들인다. 약간의 프레젠테이션으로 바로 흔쾌히 오케이하고 계약서에 도장을 찍으면 그것이 오히려 이상하다. 그래서 비즈니스를 할 때는 상대방이 비딱하게 나와도 감정을 심하게 다치지 않는다. 대신 더 열심히 타당성과 비전을 설명하려고 노력한다.

어찌 보면 가족은 더 열심히 설득해 내 편으로 만들어야 할 대상이다. 비즈니스야 설득하지 못하면 거래를 하지 않으면 그만이지만 가족은 설득하지 못하면 갈등하다 결국 파국을 맞을 수도 있다. 그러니 비즈니스를 할 때보다 더 철저히 구체적이면서도 현실적인 프레젠테이션을 준비해 가족을 내 편으로 만들어야 한다.

믿지 못한다면, 그들이 믿게 하라

구체적인 프레젠테이션으로 가족의 동의와 지지를 받는 것도 중요하지만, 정말 가족을 온전한 내 편으로 만들려면 프레젠테이션 이후가 더 중요하다.

보험 영업을 시작하기 위해 프레젠테이션을 할 때 나는 남편과 시어머니에게 "4년만 지켜봐 달라"고 호소했다. 4년이 길면 길다고 할 수 있는 시간이었지만 낯선 보험 일을 시작해 톱이 되려면 적어도 그 정도 시간은 필요하다고 생각했기 때문이다.

어떤 근거로 4년이면 정상에 오를 수 있다고 생각했는지를 묻는다면 명쾌하게 답하기는 어렵다. 기본을 지키면서 한 계단씩 차근차근 올라가는 스타일이라 스스로 단기간에 톱이 되기는 어렵다고 판단했던 것 같다. 당시 보험왕의 연봉이 최소 1억 원 이상이었기 때문에 그 정도 수입을 올리려면 최소 4년은 필요하다고 예측했다.

지금 생각하면 신기하다. 가족들에게 프레젠테이션을 했던 내용은 그대로 현실이 되었다. 4년 만에 정말 내가 목표했던 대로 보험왕이 된 것이다. 남편과 시어머니가 우려했던 것처럼 빚을 지거나 바람이 나지도 않았다. 가정은 가정대로 열심히 지키면서 보험왕이 되자 시어머니는 그제야 온전히 나를 인정해주셨다.

"그래, 우리 며느리는 정말 다르구나."

보험왕이 된 것보다 시어머니의 인정이 더욱 기분 좋았다. 시어머니는 워낙 어린 나이에 결혼해서 그런지 나를 늘 어리게 보았다. 기본적으로는 나를 믿고 사랑하시면서도 불안해하셨다. 그런 시어머니가 온전히 나를 인정하고 신뢰해주니 부러울 것이 없었다.

가족에게 했던 프레젠테이션을 그대로 이행해 결과를 보여주자 설득하기는 더욱 쉬워졌다. 보험 일을 그만두고 메리케이에서 일하려고 할 때도 똑같이 프레젠테이션을 했다. 왜 정상궤도에 올라 안정적으로 운항하고 있는 보험 영업을 그만두고 메리케이에 가려고 하는지, 메리케이에서 어떤 비전을 갖고 얼마만큼의 성취를 목표로 하고 있는지 설명했다. 이미 신뢰를 얻은 터라 보험 일을 할 때처럼 가족의 지지를 받는 데는 오랜 시간이 걸리지 않았다.

가족은 무조건 믿어주는 존재가 아니라 내가 믿게끔 해야 하는 소중한 사람들이다. 가족이 나를 신뢰하지 않는다면 가족을 탓하기보다 믿지 못하게 행동한 나를 반성해야 한다. 가족과 했던 약속을 최선을 다해 지키려고 노력하는 동안 신뢰는 더욱 깊어지고, 그렇게 신뢰가 쌓여 단단해지면 콩으로 메주를 쑤겠다고 해도 무한신뢰를 보내주는 이들이 바로 가족이다.

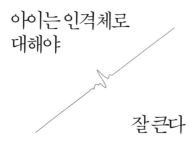

아이는 인격체로 대해야

잘 큰다

지금껏 살아오면서 일 때문에 크게 힘들어하고 좌절했던 기억은 없다. 일을 하다 보면 크고 작은 어려움을 끊임없이 겪을 수밖에 없지만 목표를 이루는 과정이라고 생각하면 험난한 여정이 흥미롭게 느껴지기도 했다.

하지만 딸과의 갈등은 나를 나락으로 떨어뜨렸다. 엇나가는 딸을 바로 잡으려고 애를 쓰면 쓸수록 딸은 더 멀어져 갔다. 몇 년씩 갈등이 지속되자 미칠 것만 같았다. 내 인생에 그때만큼 힘든 적도 없었던 것 같다. 딸아이가 나를 내칠 때마다 솔직히 원망스럽고 미웠다. 따지고 보면 내가 일을 시작하게 된 것도 아이들 때문인데 왜 엄마의 진심을 몰라주는지 답답했다.

수많은 시행착오와 가슴앓이를 한 후에야 갈등을 일으킨 장본인이 나였음을 깨달았다. 아이의 모든 문제는 부모 때문에 생긴다고 한다. 아이가 아닌 내가 문제였다는 것을 인정한 후에야 갈등의 실마리가 풀리기 시작했다. 비 온 뒤에 땅이 더욱 굳듯이 지금 딸과는 서로 속내를 털어놓고 친구처럼 편안한 관계가 되었다. 좀 더 현명한 엄마였다면 그렇게 아픈 갈등을 겪지 않았을 텐데, 나 못지않은 아픔을 겪은 딸에게 미안하고, 내 손을 다시 잡아준 딸이 고맙다.

아이는 부모의 아바타가 아니다

나는 아이들을 글로벌 인재로 키우고 싶었다. 글로벌 인재는 모든 분야에서 뛰어나야 한다고 생각했다. 공부도 잘하고, 음악이나 미술에도 감각이 있고, 체육도 잘해야 한다고 판단했다. 그래서 큰아이였던 딸이 5살 때부터 과외를 시키기 시작했다. 요즘은 아이들이 입도 떼기 전에 한글과 영어를 가르치지만 그때만 해도 초등학교에 들어가기 전부터 극성스럽게 공부를 시키는 엄마들이 그리 많지 않았다.

생각해보면 욕심이 많았다. 어린 5살짜리 딸에게 영어, 미술, 피아노, 수영을 가르쳤다. 그것도 다 개인 선생님을 구해 과외를 시켰다. 돈은 많이 들었지만 학원에 보내거나 그룹과외를 하면 아무래도 선생님이 우리 아이에게 집중하기 어렵다고 판단했기 때문이다. 다양한 분야를 다 개인과외로 가르치기가 만만치는 않았지만 다양하게 가르쳐봐야 아이의 적성과 재능을 제대로 알 수 있다고 생각했다.

아이가 하루에도 몇 가지씩 개인교습을 받기는 쉬운 일이 아니다. 힘들다고 투정부리고 때로는 하기 싫다고 짜증을 내기도 했다. 그렇게 몇 년씩 과외를 하면서 나름 성과는 있었다. 피아노는 4년을 해도 실력이 늘지도 않았고, 아이도 흥미를 보이지 않았다. 반면에 미술에는 재능이 있었다. 한때 미술을 전공하려 했을 정도로 미술적인 감각은 매우 뛰어났다. 아이의 재능을 파악할 수 있었던 것만으로도 돈이 아깝지 않았다.

초등학교 6학년 때는 미국으로 어학연수를 보냈다. 어학연수는 비교적 성공적이었다. 미국에서 어학연수를 받으면서 딸아이는 영어의 필요성을 절감했다. 자극을 받고 한국으로 돌아와 더 열심히 영어공부를 해 중학교 때는 영어박사라는 별명까지 얻었다. 어학연수의 효과를 확인한 후 더욱 자녀교육에 매달리기 시작했다. 아이들이 힘들어 해도 다 나중에 아이들이 잘사는 데 도움이 되리라 믿고 더 열심히 가르치려 들었다. 중학교 때까지만 해도 딸은 불평하면서도 엄마가 이끄는 대로 잘 따라왔다.

그랬던 딸이 고등학교 입학하면서부터 서서히 변하기 시작했다. 더이상 엄마 말을 듣지 않고 반항했다. 아무리 알아듣게 설명해도 더이상 엄마가 시키는 대로 하기 싫다며 엇나갔다. 공부도 하지 않고 귀가하는 시간도 점점 늦어졌다. 극렬히 반항하는 딸에게 무조건 일찍 집에 들어오라고 하면 더 삐뚤어질까봐 귀가시간을 6시에서 7시, 8시, 9시로 점점 늦춰도 무시하고 더 늦게 들어왔다. 반항이 극에 달했을 때는 밤 12시, 새벽이 되어도 집에 들어오지 않았다.

돌아오지 않는 딸을 기다리며 나는 미쳐갔다. 시간관념이 철저했던 나로서는 돌아와야 할 시간에 딸이 오지 않으면 견딜 수가 없었다. 초조하게 딸을 기다리면서 어떻게 내 아이가 이럴 수 있는지, 왜 내가 원하는 대로 따라주지 않는지 번뇌를 거듭했다.

딸의 반항은 시간이 바뀌면서 분노로 바뀌었다. 급기야는 내가 무슨 이야기라도 하면 비명에 가까운 소리를 지르며 대들었다. 내 자녀로부터 거부당하는 아픔은 겪어보지 않는 사람은 모른다. 세상이 무너지는 것처럼 참담했다.

딸은 엄마의 강요가 지긋지긋하다고 했다. 어렸을 때부터 하기 싫은데 엄마의 강요로 억지로 공부하고, 피아노 치고, 수영을 해야 했다며 원망했다. 엄마가 잡아놓은 스케줄대로 움직이는 것도 지쳤다며, 이제부터 자기 마음대로 살겠다고 선언했다.

딸이 퍼부어대는 원망을 들으면서 어렴풋하게나마 딸의 고통을 이해할 수 있었다. 딸은 자유롭고 창의적인 기질을 갖고 있는 아이였다. 호기심이 많아 어느 하나에 집중하지 못하기도 했다. 그러다 보니 익히는 속도가 느린 편이었다. 그런데다 부지런하지도 않았다. 유치원 때부터 늦게 일어나 셔틀버스를 놓쳐 나와 둘이 뛰어서 유치원에 간 일도 많았다.

그런 딸이 흡족하지 않았다. 기대치에 미치지 못하는 딸에게 자연스럽게 잔소리를 늘어놓기 시작했다. 내색은 하지 않았지만 딸에 대한 실망이 쌓이면서 "너는 그 정도밖에 안 되는구나"라고 속단하기도 했다. 늘 못마땅해하며 더 잘 할 것을 강요하는 엄마 앞에서 아이는 자꾸 작아졌다.

나는 딸에게 스트레스 그 자체였다. 어찌나 엄마가 싫었는지, 엄마의 발소리만 들려도 가슴이 뛰고 불안했다고 한다.

게다가 아빠까지 딸에게 엄격했다. 자유롭고 창의적인 딸은 정해진 틀을 끔찍하게 싫어하는데, 아빠는 귀가시간을 정해놓고 엄격하게 지킬 것을 종용했다. 엄마와 아빠가 모두 딸을 눌러대기만 했으니 딸이 참지 못하고 튕겨나간 것은 정해진 수순이나 다름없었다.

딸의 반항은 절망적인 몸부림이었다. 엄마가 시키는 대로 따라야 하는 아바타가 아니라 독립적인 인간이라는 것을 딸은 온 몸으로 보여준 것이다. 딸이 더이상 참지 못하고 반항하기 시작한 후에야 그동안 내가 딸을 하나의 독립적인 인격체가 아니라 소유물로 생각했음을 깨달았다. 어린 딸이 스스로 인생의 방향을 선택할 수 없으니 경험 많은 엄마가 대신 딸이 가야 할 방향을 설정해주고, 준비를 시켜주어야 한다고 생각했다.

많은 부모들이 나와 같은 실수를 한다. 아이들의 인생을 부모가 대신 결정하려 든다. 자기가 못 다 이룬 꿈을 아이를 통해 이루려는 부모도 많다. 아이들은 아바타가 아니다. 아무리 어려도 스스로 자기 삶을 고민할 수 있는 능력이 있다. 스스로 좋아서 선택한 것이 아니면 부모가 아무리 시켜도 효과도 없다.

얼마 전, 의젓하게 성장한 딸이 한 말이 가슴을 후빈다.

"엄마, 학교 다닐 때 나 공부 안 했어. 엄마가 하라니까 어쩔 수 없이 하는 척 했을 뿐이야. 엄마가 볼 때만 하고 안 보면 안 했어."

세상에서 가장 자기 뜻대로 할 수 없는 것이 제 자식 키우는 일이라고 한다. 큰 아픔을 겪고서야 겨우 알았다. 내 뜻대로 키우는 것이 아니라 원하는 대로 살 수 있도록 도와주어야 한다는 것을.

마음으로 함께해야 갈등이 풀린다

반항의 후유증은 컸다. 고등학교를 다니는 동안 내내 갈등하고 방황하느라 딸은 원하는 대학을 가지 못했다. 끼가 많았던 딸은 예술대학에 진학

하고 싶어했다. 충분히 갈 수 있는 능력이 있다고 자신했기 때문에 충격은 더욱 컸다. 원하는 대학을 가고야 말겠다는 일념으로 재수를 했다. 안타깝게도 결과는 또 실패였다.

재수에 실패한 후 딸은 크게 좌절했다. 어찌나 상심이 컸던지, 혹시 저러다 아이가 나쁜 생각이라도 할까 걱정스러울 정도였다. 딸도, 나도 1년을 울면서 기도했다. 나는 딸을 이해하기 위해 기도했고, 딸도 두 번의 입시 실패로 자존감이 너무 떨어진 상태라 자신을 찾기 위해 기도했다. 다행히 신은 간절한 사람에게 응답하는가 보다.

질풍노도의 시기가 지나고 대학입시를 준비하면서 딸의 반항은 잦아들었다. 원하는 대학을 가기 위해 딸이 무조건적인 반항을 접기도 했지만 나도 많이 노력했다. 심리학 상담 공부를 하면서 딸의 심리를, 딸의 마음을 이해하려고 애썼다. 딸의 심리와 행동을 이해하면 오랫동안 모녀 사이에 쌓인 앙금을 없앨 수 있으리라 기대했다.

그런 노력 덕분에 고등학교 때보다는 관계가 한결 개선되었다. 적어도 무슨 말만 하면 신경질적인 반응을 보이며 반항하던 모습은 많이 좋아졌다. 하지만 더이상 진전이 없었다. 여전히 딸은 내게 거리를 두었고, 나 또한 딸에게 좋은 감정만 있지는 않았다.

혼자서는 도저히 딸과의 묵은 갈등을 해소할 수 없다는 위기감이 들어 전문 치유기관을 찾았다. 딸도 엄마와의 관계를 개선하고 싶었는지 선선히 따라 나섰다.

치유프로그램은 다양하게 구성되어 있었다. 진솔하게 속마음을 털어놓는 시간도 있고, 역할을 바꿔 서로를 이해하려 노력하는 시간도 있었다. 딸과의 갈등을 풀고 싶다는 마음이 나로 하여금 프로그램에 집중하게 했다. 프로그램에 몰입해 내 마음을 이야기하고 딸의 속마음을 들으면서 그동안 내가 얼마나 잘못했는지 진심으로 뉘우칠 수 있었다.

정말 딸에게 잘못했다는 생각이 들면서 나는 딸 앞에서 무릎을 꿇고 빌었다.

"그동안 너한테 잘못했다. 엄마가 너무 잘못했다. 용서해 다오."

부모가 자녀 앞에 무릎을 꿇기는 쉽지 않다. 하지만 진심으로 잘못했다는 생각이 들자 누가 강요한 것도 아닌데 자연스럽게 무릎을 꿇을 수 있었다.

딸도 울면서 무릎을 꿇고 용서를 빌었다.

"엄마, 미안해. 나도 잘못했어."

서로 진심으로 용서를 빌자, 오랫동안 쌓인 갈등이 눈 녹듯이 사라졌다. 어떻게 그렇게 순식간에 거짓말처럼 갈등이 풀어졌는지 신기하기만 했다. 몇 년 동안 그렇게 노력했는데도 마음을 열지 않던 딸이 진심으로 용서를 구하는 내게 다시 용서를 비는 모습을 보면서 눈물이 왈칵 쏟아졌다.

서로를 용서하고 딸과의 관계는 아주 좋아졌다. 그 일이 있고 난 후 나는 딸을 딸이 아닌 인격체로 보려고 노력했다. 딸을 인격체로 보자 그 전에는 문제로 보였던 것들이 더이상 문제로 보이지 않았다.

예전에는 딸의 끼를 별로 좋아하지 않았다. 나는 딸이 끼를 발휘하며 살기보다 사회에서 흔히 말하는 엘리트 코스를 밟고 그처럼 살기를 원했다. 그랬으니 딸의 자유분방하면서도 창의적인 끼가 좋아 보이지 않았다. 하지만 딸의 끼를 다른 사람이 갖지 못한 딸만의 능력이라고 생각하자 그

동안 그 엄청난 끼를 눌렀던 게 너무나 미안했다.

치유프로그램을 통해 서로의 진심을 확인한 후 딸과 나는 더 열심히 노력했다. 함께 선교활동도 하고, 많은 프로그램을 함께했다. 그러면서 서로를 더 많이 이해하게 되었고, 지금 딸은 나를 가장 많이 이해해주고 지원해주는 친구 역할을 하고 있다.

간섭할
것인가,

관여할
것인가

딸과 한바탕 전쟁을 치른 후 부모의 역할을 깊이 고민했다. 아이들은 스스로 자기 인생을 설계할 권리가 있고, 스스로 자기가 선택한 삶을 이루고 책임질 수 있는 능력도 갖추고 있다. 그렇기 때문에 아이를 믿지 못하고, 자꾸 이래라저래라 간섭하고 강요하면 오히려 역효과가 난다.

그렇다면 일체 간섭하지 않고 내버려두는 것이 최선일까? 아이가 시행착오를 하거나 잘못된 선택으로 결과가 좋지 않더라도 모른 척해야 할까? 전문가의 의견도 들어보고, 책도 보고 오래 고민한 끝에 결론을 얻었다.

간섭은 필요 없다. 간섭은 언제나 아이를 힘들게 할 뿐이다. 하지만 아이의 선택을 존중하면서도 적어도 아이가 길을 잃지 않도록 최소한의 관여는 필요하다. 관여를 해도 최종 선택은 아이의 몫이지만, 적절하게 관여함으로써 아이가 현명한 선택을 할 수 있도록 돕는 것이 부모의 의무라는 생각이 든다.

크게 키우려면 간섭이 아닌 관여를

간섭과 관여는 목적부터 다르다. 간섭은 내가 원하는 방향으로 만들기 위해 이래라저래라 하면서 영향을 주려고 하는 것이다. 결과를 더 좋게 만들려는 의도가 없지는 않지만 그보다는 내 영향력을 과시하고 싶은 의도가 더 크다. 반면에 관여는 어떤 일에 관계해서 참여한다는 뜻이다. 자신의 힘을 보태 더 좋은 결과를 도출해내는 것이 관여의 목적이다.

나는 기본적으로 아이들의 선택을 존중하고 지원해주려고 노력한다. 하지만 맹목적인 지원은 하지 않는다. 아이들의 선택에 관여해 정보도 찾아보고 비전도 살펴본다. 그런 다음 괜찮다고 판단되면 군소리 없이 전폭적인 지원을 한다.

아들이 고등학교 3학년 때 갑작스럽게 무용을 하겠다고 선언했다. 아들은 무척 순한 아이였다. 아빠를 닮아 모범생이었고 공부도 잘했다. 그랬던 아들이 무용을 하고 싶다고 하니 놀라지 않을 수 없었다. 그렇지만 아들의 성격상 즉흥적으로 결정한 것은 아니라는 믿음이 있었다. 그래도 과연 무용이 비전이 있는지 알고 싶어 다양한 채널을 통해 정보를 수집했다.

우려했던 것처럼 비관적이지는 않았다. 남성 무용수가 귀하기 때문에 희소가치가 있다고 판단했고, 무엇보다 무용학원 원장님이 아들의 체격 조건이 무용하기에 아주 좋다는 말이 결심을 굳히게 했다.

무용을 하려면 돈이 많이 든다. 처음에는 3천만 원에서 4천만 원 정도면 무용을 배워 대학에 들어갈 수 있을 줄 알았다. 그만한 비용은 통장에 있었기에 곧바로 무용학원에 등록했다. 예상은 처음부터 빗나갔다. 첫 달에만 600만 원이 나갔고, 이후 매달 천만 원씩 투자해야 했다. 3월 달에 무용을 시작했는데 5월 달에 준비했던 돈은 바닥을 드러냈다.

아들은 미안해하면서도 불안해했다. 처음부터 모른 척했다면 모를까, 이미 충분히 관여해 지원해주기로 마음먹은 이상 돈이 없다며 그만두라고 할 수는 없었다.

"걱정 마, 아들. 엄마가 감당할 수 있어."

호언장담하고 보험회사에 입사했다. 아들은 무용에 재능이 있었다. 늦게 시작했는데도 다음해 경희대학교 무용과에 우수한 성적으로 합격했다. 아들은 엄마 덕분에 합격할 수 있었다며 고마워했다.

경제적인 지원도 지원이지만 고등학교 3학년 내내 하루도 빠짐없이 자신을 픽업해준 엄마에게 진심으로 감사했다. 그도 그럴 것이 순천에는 무용학원이 없었다. 광주까지 가야 무용을 배울 수 있었는데, 오후 5시에 학교수업이 끝나면 광주에 가서 12시까지 배웠다. 나는 매일 오후 10시에 순천에서 출발해 아들을 광주에서 순천으로 데려왔다. 학원 밑에서 기다렸다 아들이 나오면 간식을 먹이고 뒷자리에 이불을 덮어 재우면서 차를 몰았다. 순천에 돌아오면 새벽 2, 3시가 되었다.

그렇게 매일 순천과 광주를 왔다 갔다 하면서 아들과 나는 공통의 목표를 향해 달리는 공동체 의식을 느끼기도 했다.

간섭이 아니라 관여했기 때문에 나도 기꺼이 즐겁게 아들을 지원했고, 아들도 나의 전폭적인 지지를 받으며 그 힘든 과정을 이겨낼 수 있었던 것 같다.

180

길을 잃었다면 적극적으로 관여해야

아들은 8년 동안 무용을 전공했다. 대학입시를 준비하면서 1년, 경희대에서 4년 동안 무용을 배운 것으로 부족하다고 생각해 일본에서 2년 반 동안 유학했다. 그러는 동안 돈도 많이 들었다. 아마 서울에서 중소형 아파트 한 채 정도는 거뜬히 살 수 있는 금액을 무용에 투자한 것 같다.

그렇게 오랫동안 큰돈을 들여 무용을 했지만 뚜렷한 비전이 보이지 않았다. 애초에 무용을 시작할 때는 대학에서 후학을 가르칠 생각이었다. 물론 쉬운 길은 아니었다. 무용교수가 되려면 더 많은 돈을 투자해야 했다. 돈만 문제라면 얼마든지 감당할 자신이 있었다. 하지만 자리가 날 기미가 보이지 않았다. 우리나라에서 무용교수를 채용할 만한 곳은 경희대, 세종대, 이화여대 정도인데, 현직 교수님들이 다들 젊었다. 그분들이 정년 퇴임을 해야 자리가 나는데, 최소 10년 이상은 기다려야 했다.

문제는 또 있었다. 어렵게 교수 자리가 나도 아들에게 그 자리가 돌아오리라는 보장도 없었다. 아들이 대학에 입학할 때 교수님들이 무용천재가 왔다며 극찬했지만 객관적으로 보았을 때 아들은 최고는 아니었다.

무용을 계속 했을 때의 미래가 밝지 않다는 판단이 서자 아들과 솔직한 대화를 나누었다. 아들이 그래도 계속 무용을 하고 싶어하는데 내가 일방적으로 무용을 다시 생각해봐야 하지 않느냐고 하면 간섭이 될 수 있다. 하지만 아들 역시 같은 고민을 하고 있었다.

"교수가 될 수 있는 가능성이 굉장히 희박한 것 같아. 전공을 살리려면 무용학원을 차려야 할 것 같은데 네 생각은 어때?"

아들은 무용학원은 싫다고 했다. 그러면서도 무용을 하지 않는다면 무엇을 할지 혼란스러워했다. 그때부터 적극적으로 관여하기 시작했다.

"일본어를 잘하니까 외무고시를 준비해보면 어떨까?"

아들도 관심이 있는 듯했다. 고등학교를 인문계를 나왔고, 공부를 제법 잘했기 때문에 몇 년 공부하면 가능할 것 같았다. 하지만 막상 외무고시 공부를 하더니 도저히 안 되겠다며 포기했다. 이후 무역업을 하면 어떨까, 다른 과목 교수가 되면 어떨까 제안도 했지만 내키지 않아 했다.

그러던 중 미국에서 요리 공부를 하고 있던 딸이 남동생에게 미국으로 들어오라고 제안했다. 아들은 처음에는 거부했다. 하지만 내 생각은 달랐다. 딸이 셰프를 목표로 요리를 공부하는 모습을 지켜보면서 셰프라는 직업이 매력적이면서도 비전도 밝다고 느끼고 있던 차였다. 꼭 요리를 공부하지 않더라도 미국에 가면 또 다른 가능성을 발견할 수 있으리라 생각했다.

적극적으로 관여해 설득한 결과 아들은 누나가 있는 미국행을 선택했다. 당시 아들 나이 29세였는데, 20대의 마지막을 뉴욕에서 재미있게 보내기를 바랐다. 내 기대와는 달리 워낙 알뜰했던 아들은 콜라 한 잔 사먹지 못하고 자린고비로 살면서 요리 공부를 했다. 다행히 요리가 아들의 적성에도 잘 맞아 순조롭게 공부를 마칠 수 있었다.

미국에서 공부한 아들은 지금 일본에서 페이스트리 셰프로 일하고 있다. 일본에서 무용을 공부해 일본이 친숙하기도 하고, 페이스트리는 일본, 뉴욕, 프랑스가 유명하기 때문에 일본에서 자리를 잡았다. 일본에서 자기 일에 만족하며 열심히 일하는 모습을 볼 때마다 아이가 방황할 때 적극적으로 관여하기를 잘했다는 생각이 든다.

182

관여하지 않고 무조건 기다려줄 수도 있었다. 그래도 아이는 스스로 길을 찾을 수 있었을 것이다. 하지만 아이의 고민에 관여해 함께 길을 찾으면 시행착오를 겪지 않고 좀 더 빨리, 효과적으로 길을 찾을 수 있다. 기다려주는 것 못지않게 적절한 관여로 아이가 좀 더 현명하게 문제를 해결할 수 있도록 돕는 것도 부모의 중요한 역할이 아닐까.

갈등,
이해보다

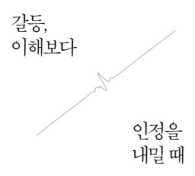

인정을
내밀 때

대인관계를 잘 풀려면 상대방을 이해해야 한다고 말한다. 내 잣대로 상대방의 생각과 행동을 평가하지 말고 상대방의 입장에서 왜 그런 생각과 행동을 했는지 이해해야 갈등이 없다고 한다.

실제로 이해는 중요하다. 하지만 이해는 어렵다. 아무리 이해하려 노력해도 태어나고 자란 문화적, 사회적 환경이 다르면 이해하는 데 한계가 있다. 이해하는 데 실패해도 나와 직접적인 관계가 없으면 무시하면 그만이다. 그렇지만 가족처럼 절대 무시할 수 없는 관계라면 다르다. 이해하지 못해 갈등이 깊어지면 그것만큼 괴로운 일도 없다.

가족과의 관계에서는 이해하기 전에 인정이 필요하다. 특히 시댁과의 갈등을 최소화하려면 조건 없이 인정해야 한다. 고부간의 갈등, 시댁 식구들과의 갈등으로 힘들어하는 여성들이 적지 않은데, 존재 자체를 인정하면 굳이 이해하려 노력하지 않아도 원만하게 잘 지낼 수 있다.

다름을 인정하고 차이를 존중해야

결혼 직후 1년 동안 시어머니와 함께 살았다. 시어머니가 24살 어린 며느리에게 가풍을 가르치고 싶어해 결혼하자마자 남편과 떨어져 살아야만 했다.

시어머니는 여장부시다. 타고난 성품도 씩씩한데도 오랫동안 큰 식당을 경영하면서 더 대범하고 외향적인 성격이 된 것 같다. 사업적인 감각도 뛰어나고 돈의 원리를 꿰뚫고 있어서 돈도 많이 벌었다. 하지만 어린 신부였던 내게는 낯설고 무섭기만 한 분이었다. 친정어머니는 조용하고 따뜻한 성품이었는데, 이에 반해 시어머니는 호탕한 성격이라 그런지 말도 행동도 거칠었다.

무엇보다 시어머니는 어린 며느리에게 엄격했다. 시어머니와 함께 사는 동안 식당일을 도왔는데, 나를 직원처럼 대했다. 일이 서툴러 실수를 하면 어김없이 혼냈고, 직원과 똑같이 새벽부터 밤늦게까지 일했다. 그런데다 어머니의 허락 없이는 집 밖으로 한 발도 나가지 못하게 단속했다. 가까운 슈퍼에 갔다 오려 해도 "휴지가 떨어져서 휴지 좀 사러 갔다 올게요"와 같이 구체적으로 무엇을 사러 갔다 오겠다고 말해야 겨우 허락을 받을 수 있었다.

나는 호기심이 많은 사람이다. 그런 나를 안에만 가둬두려고 하니 몹시 답답했다. 시어머니가 필요 이상으로 내가 바깥에 나가지 못하도록 막은 데는 나름 이유가 있었다. 식당을 운영하면서 내 또래의 젊은 아가씨를 많이 고용하고 지켜보았던 시어머니로서는 어린 내가 불안했던 모양이다. 직원이었던 젊은 아가씨들이 밖으로 돌면서 나쁜 물이 드는 것을 여러 번 보았기 때문에 어린 며느리도 단속하지 않으면 그렇게 될 수 있다고 우려했던 것 같다.

지나치게 엄격한 시집살이를 하는 나를 보고 친정 식구들은 걱정했다. 분명 몇 달 버티지 못하고 고된 시집살이에서 도망할 것이라고 장담하는 가족도 있었다.

하지만 주변의 우려와는 달리 나는 시어머니와 큰 갈등 없이 잘 지냈다. 시어머니를 이해했기 때문이 아니다. 친정어머니와는 달라도 너무 다른 시어머니를 이해하기란 쉬운 일이 아니었다. 시어머니가 내게 왜 그렇게 엄격하고, 거칠게 혼내는지 이해하기보다는 있는 그대로의 시어머니를 인정하고 존중했다. 생각이 다르더라도 받아들이고 따랐다. 불만이 있어도 내색하지 않고 뜻을 존중했다.

일반적인 관계에서는 생각이 다르면 서로 이해하려 노력해야 갈등이 생기지 않는다. 하지만 부모님의 경우는 다르다. 나보다 수십 년은 더 살면서 형성된 생각과 가치관이 여간해서는 바뀔 리 없지 않은가. 자식 된 입장에서 오랫동안 지켜온 부모님의 가치관이 옳다 그르다 따지는 것도 도리는 아니다. 생각이 바뀌기를 기대하고 강요하다 보면 갈등만 깊어질 뿐이다.

시시비비를 따지지 말고 부모님 뜻을 있는 그대로 따르면 불만도 덜 쌓인다. 부모님과 생각이 다른데 따르려면 속이 더 많이 상하고 불만이 쌓일 것 같지만 그렇지 않다. 있는 그대로 인정하고 존중하면 편하게 받아들일 수 있다.

부모님의 뜻을 인정하고 존중하면 결국 부모님도 자식을 있는 그대로 인정하고 존중해준다. 시간은 오래 걸릴 수 있다. 시어머니 뜻을 한 번도 거역한 적이 없는데도 시어머니가 완전히 나를 인정해주는 데는 꽤 오랜

186

시간이 걸렸다.

약 10여 년 전, 시아버지가 침대에서 넘어져 수술을 한 적이 있었다. 수술 후 21일간 병원에 입원해 치료를 받으셨는데, 그때 아버님 간병을 내가 직접 했다. 시아버지는 몸을 움직이지 못해 하나부터 열까지 내 손을 거쳐야만 했는데, 진심을 다해 정성껏 간병했다. 워낙 건강하셨던 분이라 시간이 지나면 별일 아니라는 듯 툭툭 털고 일어나실 줄 알았는데 안타깝게도 그러지 못하셨다.

비록 아버님은 하늘나라로 가셨지만 시어머니는 그때 나를 다시 보았다고 한다. 그 전에는 말로만 "예, 예" 한다고 생각하셨던 것 같기도 하다. 아버님 장례를 치른 후 시어머니는 온가족이 모인 자리에서 "큰며느리의 진심을 알았다"며 온전히 나를 인정해주셨다.

이후 시어머니와의 관계는 더 좋아졌다. 그 전에도 남편 흉을 함께 볼 정도로 허물이 없었지만 시아버지가 돌아가신 후 며느리가 아닌 딸처럼 관계가 돈독해졌다.

시어머니를 보면 사람은 크게 변하기가 어렵다는 것을 새삼 실감한다. 80이 넘은 지금도 시어머니는 여전히 여장부다. 말도 행동도 거침이 없다. 그럼에도 이제는 낯설거나 무섭지 않다. 오히려 변함없는 어머니 모습에 안도하고 친근감을 느낀다.

시부모와 남편은 독립된 인격체

고부간의 갈등은 종종 남편과의 갈등으로 이어진다. 시어머니로부터 기분 나쁜 말을 들으면 그 감정을 남편에게 풀기 때문이다.

"당신 어머니는 도대체 나한테 뭘 잘해준 게 있다고 그렇게 바라는 게 많아?"

이때 남편이 전적으로 아내 편을 들면 그나마 부부싸움이 일어나는 불상사가 적지만 팔은 안으로 굽는 법이다. 아내가 자기 어머니 험담을 늘어놓으면 대부분의 남편은 감정이 상한다.

"당신 어머니? 당신은 어머니한테 뭘 잘한 게 있다고 그래?"

남편이 어머니 편을 들고 나서면 그때부터는 고부간의 갈등이 부부 갈등으로 폭발한다.

"왜 맨날 어머니 편만 들어? 그렇게 어머니가 좋으면 어머니하고 살아!"

남편이 어머니 편에도, 아내 편에도 서지 않고 중립을 지켜도 결과는 별반 다르지 않다. 아내들은 고부간의 갈등이 있을 때 남편이 자기편에 서주기를 원한다. 시어머니에게 "어머니가 잘못했다"고 말하지 않아도 아내 편에서 고개를 끄덕여주면 그것만으로도 위안을 받는다고 한다. 그런데 중립을 지킨다고 가만히만 있으면 그 모습에 아내들은 또 화가 난다.

나도 남편에게 푸념할 때가 있다. 나도 사람인지라 시어머니를 있는 그대로 인정하고 존중해도 너무 심하게 나를 대하면 그 불씨를 남편에게 돌린다. 차마 시어머니에게 대들 수는 없으니 남편에게 화풀이하는 것이다.

그럴 때마다 남편은 한 번도 내 편을 들어준 적이 없다. 그렇다고 시어머니 편을 들지도 않는다. 결혼 초부터 지금까지 남편은 초지일관 중립을 지키고 있다. 처음에는 섭섭했지만 남편이 중립을 지킨 덕분에 시어머니를 인정하고 존중할 수 있었던 것 같기도 하다. 남편이 내 편에 서서 시어머니를 공격했다면 진심으로 시어머니를 인정하고 존중할 수 있었을까. 자신의 어머니를 폄하하는 남편이 그리 좋아 보이지 않았으리라.

현실적으로 고부간의 갈등이 있을 때 남편이 어떻게 처신하는가에 따라 갈등이 깊어질 수도, 원만하게 해소될 수 있는 것은 사실이다. 하지만 개인적으로는 고부간의 갈등을 남편을 통해 해결하려는 것 자체가 잘못이라고 생각한다.

시어머니와 남편은 독립적인 인격체다. 시어머니가 밉다고 괜히 아무런 잘못도 없는 남편까지 미워한다는 것은 말이 안 된다. 시어머니의 아들로 태어난 것이 죄라면 모를까, 엄연히 시어머니와 남편은 다른 사람인데 시어머니의 아들이라는 이유만으로 남편에게 화풀이를 할 명분은 어디에도 없다.

고부간의 갈등을 부부문제로 끌어들여 끝내 부부관계가 깨질 정도로 악화되는 경우도 많다. 그런 불상사를 막기 위해서라도 시어머니와 남편을 분리해야 한다. 그래야 고부간의 갈등을 고부간의 갈등으로 끝내고, 갈등을 풀기도 쉽다.

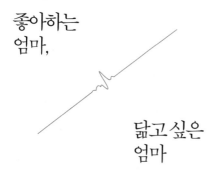

좋아하는
엄마,

닮고 싶은
엄마

세상의 모든 엄마는 좋은 엄마가 되고 싶어한다. 그렇다면 좋은 엄마란 어떤 엄마일까? 좋은 엄마가 되기 위한 노력은 저마다 다르다. 어떤 엄마는 부족함 없이 키우려고 노력한다. 자녀가 원하는 것이라면 적극적으로 지원해야 좋은 엄마가 될 수 있다고 생각한다. 또 어떤 엄마는 자녀를 믿고 지켜보기보다는 적극적으로 아이의 인생에 방향을 제시해주려고 애쓰기도 한다.

이처럼 엄마의 가치관에 따라 좋은 엄마가 되기 위한 노력은 달라진다. 나도 당연히 좋은 엄마가 되기 위해 노력하며 살았다. 그럼에도 불구하고 정말 좋은 엄마는 되지 못한 것 같다. 특히 딸이 청소년기를 지날 때는 좋은 엄마는커녕 상처만 입히는 나쁜 엄마였다.

다행히도 지금은 두 아이 모두 나를 좋아한다. 좋아해주는 것을 넘어 닮고 싶은 엄마라고 말해준다. '닮고 싶은 엄마'라는 말은 자녀로부터 들을 수 있는 최고의 찬사가 아닌가 싶다. 어찌 보면 좋은 엄마가 되기보다 닮고 싶은 엄마가 되기가 더 어려운 것 같다. 아빠도 마찬가지다. 아이들이 좋은 아빠라는 것은 인정하지만 아빠처럼 살고 싶지 않을 수도 있다. 아이가 닮고 싶어하지 않는 엄마, 아빠. 왠지 씁쓸하다. 나는 그런 엄마는 되고 싶지 않다. 그냥 좋은 엄마보다 닮고 싶은 엄마, 존경할 수 있는 엄마로 살고 싶다.

딸의 가장 좋은 역할 모델은 엄마

다 그런 것은 아니지만 부모와 자녀의 관계에서도 이성의 법칙이 작용한다. 엄마는 왠지 아들에게 더 마음이 끌리고, 아빠는 아들보다는 딸을 더 예뻐하는 것도 이와 무관하지 않다. 하지만 아무리 좋아해도 이성간에는 해주기 어려운 것이 있다. 바로 역할 모델이다.

아이들은 부모의 삶을 보며 성장한다. 아들은 아빠를 보면서 자연스럽게 아빠 역할을 익히고, 딸은 엄마를 보면서 엄마의 역할을 배운다. 물론 엄마, 아빠를 떠나 인생을 사는 모습은 자녀의 중요한 본보기가 되지만, 같은 성의 삶이 더 많은 영향을 미치는 것은 사실이다.

자녀에게 좋은 역할 모델이 되기 위해 가장 중요한 조건은 주도적인 삶을 사는 것이다. 세상의 많은 딸들이 "엄마처럼 살고 싶지 않아"라고 말하는 이유는 상당 부분 엄마들이 자신의 삶보다는 가족을 먼저 생각하며 헌신한 데 있다. 그런 엄마를 고마워하면서도 가족들에게만 희생하는 엄마의 삶이 행복해 보이지 않기 때문에 닮고 싶어하지 않는 것이다.

일하는 엄마는 대부분 아이와 많은 시간을 보내지 못해 미안해한다. 아이가 어릴 때는 죄책감이 더 크다. 그 미안함과 죄책감 때문에 일을 그만두고 용감하게 육아에 전념하는 엄마들도 많다. 충분히 의미 있는 일이다. 아이가 엄마를 필요로 할 때 그 곁을 지켜주는 것만큼 가치 있는 일도 없다.

그렇지만 미안함과 안쓰러움을 뒤로 하고 계속 일한다고 엄마의 역할을 저버리는 것은 아니다. 언젠가 일하는 엄마로부터 들은 이야기가 가슴에 남는다. 딸 하나를 두었는데, 나 역시 딸을 가진 엄마라서 기억에 깊이 남았다.

"저는 딸아이와 많은 시간을 함께 해주는 엄마보다는 딸의 롤 모델이 될 수 있는 엄마가 되고 싶어요."

여성의 역할이 변한 지 이미 오래다. 여성이라고 결혼해서 아이 낳고 가족을 위해 헌신해야 하는 시대는 지나갔다. 지금은 스스로 삶의 주인공이 되어 당당히 사회생활을 하는 여성들이 더 각광받는 시대다. 그 엄마는 바뀐 시대상에 걸맞은 새로운 여성상을 스스로 본보기가 되어 딸에게 보여주고 싶었던 것이다. 비록 다른 엄마들처럼 많은 시간을 함께하지는 못하지만 열심히, 최선을 다해 일하면서 자신을 성장시키는 모습을 보면서 딸 역시 당당한 삶의 주인공이 되기를 바란 것이다.

솔직히 나는 처음부터 딸아이의 롤 모델이 되겠다는 생각은 없었다. 내가 원하는 삶을 살기 위해 열심히 일하고, 가정에 충실하려 노력한 것뿐인데, 지금 딸아이를 보면 나를 많이 닮았다는 생각이 절로 든다.

하고 싶은 일을 정하는 과정부터 내 삶이 영향을 미친 것으로 보인다. 딸은 엄마에 대한 반항으로 고등학교 때 공부를 제대로 하지 않는 대가를 톡톡히 치렀다. 원하던 대학을 가지 못했는데, 학교에 대한 콤플렉스가 심해 수업일수만 겨우 채워 간신히 졸업했다.

졸업한 이후 모델에이전시를 비롯해 여러 회사에 취직했지만 오래 있지 못하고 나오곤 했다. 패션에 관심을 갖고 이탈리아에서 패션 공부를 할 준비를 한 적도 있다. 원래 그림에 소질이 있었던 터라 패션 감각이 뛰어났는데 어찌된 일인지 당시 이탈리아에서 한국 유학생을 받아주지 않아 포기했다.

패션 공부를 포기한 후 딸은 꽤 오랫동안 무엇을 할지 고민했다. 딸아이 말로는 무엇을 해야 성공할까, 혹은 무엇을 해야 잘할 수 있을까보다 무엇을 해야 행복할까를 고민했다고 한다. 그때 생각난 것이 요리였고, 이후 유럽여행을 하면서 다양한 음식점을 순례했고, 그것은 확신으로 이어졌다.

딸은 어렸을 때부터 요리하는 나를 보며 자랐다. 나는 가능한 한 나만의 창의적인 아이디어를 넣어 요리를 만들려고 노력했다. 차를 내놓아도 평범하게 하지 않았다. 그런 모습을 보고 자라서인지 딸도 차 한 잔도 특이한 것을 가미해 만들고, 요리를 해도 항상 다르게 하려고 노력했다.

일하는 방식도 나와 비슷하다. 주저함이 없다. 세계 3대 요리학원 중 하나인 CIA 요리학교에서 공부하고 2년 동안 미국 레스토랑에서 일했다. 그러다 마스터 셰프 코리아 1회 대회에 참여하기 위해 돌아왔다. 우승은 못했지만 10위 안에 들면서 실력을 인정받았다.

나는 딸이 안정적인 직장에 들어가기를 원했지만 오너 기질이 있는 딸은 직접 레스토랑을 차리는 쪽을 택했다. 물론 무작정 밀어붙인 것은 아니었다. 레스토랑을 오픈하기 전에 스스로를 테스트하는 기간이 있었다. 자기 나름의 방식으로 화학 재료를 전혀 사용하지 않고 좋은 재료만으로 파스타 수제 소스를 만들어 이태원 벼룩시장에 내다팔았는데, 흔한 말로 대박을 쳤다. 폭발적인 반응을 지켜본 후 이탈리아 레스토랑을 차릴 것을 결심했다.

2012년 12월에 레스토랑을 오픈했는데, 지금까지 성공적으로 잘 운영하고 있다. 규모가 크지도 않고, 인테리어도 이탈리아의 전통적인 분위기를 살린 소박한 레스토랑인데, 한 달 매출이 엄청나다. 무슨 일을 하겠다고 마음먹으면 겁 없이 달려들어 목표를 이루는 모습이 나를 많이 닮았다. 걱정스러웠는데, 대견스럽다.

다만 체계적이지 않은 모습은 나를 불안하게 만든다. 무슨 일을 하더라도 체계적으로 계획을 세워 하는 나와는 달리 딸은 저돌적인 편이다. 그럼에도 전체적으로 보면 딸은 나보다 훨씬 많은 재능을 가졌다. 매니지먼트도 잘하고, 마케팅도 아주 잘한다. 짧은 시간에 레스토랑을 성공시킨 바탕에는 딸의 뛰어난 마케팅 능력이 한몫했다. 친화력이 좋아 낯선 사람들과도 관계를 잘 푸는 것은 나보다 월등히 낫다.

딸에게 사회 선배로서 조언을 하면 딸은 이렇게 말한다.

"걱정 말아요. 엄마를 보고 배운 게 있는데 대충 할 리는 없잖아요."

한때 온 힘을 다해 나를 밀어냈던 딸이기에 나를 보고 배운다는 말이 더 감격스럽다.

아들에게도 닮고 싶은 엄마인지는 잘 모르겠다. 아들과는 늘 관계가 좋았다. 워낙 순하고 착한 데다 누나가 엄마를 아프게 하는 모습을 봐서 그

194

런지 항상 내 편에서 나를 위로하고 내 말을 잘 들었다. 지금도 아들은 연인처럼 늘 따뜻하게 엄마를 챙긴다.

아들의 여자친구 말에 의하면 아들은 엄마 이야기를 정말 많이 한다고한다. 좋아하는 것을 넘어 존경하는 엄마라는 이야기를 하도 많이 들어내가 어떤 사람인지 궁금했다고 한다. 그 이야기를 들으면서 아들에게는구체적인 롤 모델 역할은 아니더라도 열심히 최선을 다해 인생을 사는 선배로서 좋은 본보기는 된 것 같아 마음이 놓인다.

닮고 싶은 부모만이 진정한 승자다

항상 최선을 다해 열심히 살려고 노력한 덕분에 나는 내 분야에서 나름성공했다. 연봉도 남부럽지 않은 수준이고, 어디를 가나 정상에 오른, 특별한 대접을 받는다. 하지만 나는 사회에서 만난 사람들의 인정보다 내아이들이 나를 존경하고 닮고 싶다고 말할 때 가장 행복하다. 아이들이야말로 내가 잘 살았는지, 최선을 다했는지를 평가하는 엄격한 판관이다.

사회적인 성취도와 상관없이 아이들로부터 닮고 싶은 부모라고 인정을받는다면 그것만으로도 충분히 성공한 인생이라고 생각한다. 자녀에게인정받지 못한 부모라면 그들의 사회적인 성공은 신기루와 같다. 2014년서울시 교육감 선거는 자녀에게 존경받지 못하는 부모의 끝을 적나라하게 보여주었다.

선거 초반의 기세는 고승덕 씨가 잡았다. 그의 이력은 더없이 화려하다.서울대 1학년 때 고시공부를 시작해 6개월 만에 1차 합격했고, 2차는 두 번 응시해 최종 합격해 역대 최연소 사법고시 합격자로 등극했다. 이후 대학 재학 기간 동안 외무고등고시에 차석으로 합격하고, 행정고등고시에 수석 합격해 고시 3관왕으로 유명세를 떨쳤다. 그를 보면 공부 잘하는 유전자가 있는 것이 아닌가 싶을 정도다. 어렵기로 소문난 고시들에 식은 죽 먹기처럼 척척 붙었으니 말이다.

국내 고시 3관왕도 모자라 그는 예일 로스쿨과 하버드 로스쿨에서 법학석사를 취득했고 컬럼비아 로스쿨에서 법학박사 과정을 졸업했다. 또한 미국 4개 주 변호사 자격을 취득해, 세계 최대의 로펌인 베이커&맥켄지의 뉴욕사무소에서 2년간 변호사로 활동했다.

귀국한 후의 행적은 더 화려하다. 수원지방법원 판사를 거쳐 변호사로 활동했고, TV 프로그램 〈솔로몬의 선택〉에 출연하면서 대중적인 인기를 끌었다. 더구나 외모가 선하고 호남형이어서 친근한 이미지였다. 대중들의 인기에 힘입어 제18대 국회의원으로 활동하고 서울시 교육감 선거에 나온 것이라 많은 사람들이 그의 승리를 점쳤다.

하지만 그의 딸이 제동을 걸었다. 왜 자기 아버지가 교육감으로서 자격이 없는지를 낱낱이 밝혔고, 이후 그의 지지율은 급락했다. 딸의 폭로와는 다른 진실이 있을 수도 있다. 그의 항변처럼 어린 딸이 이해할 수 없는 사정이 있었을지도 모른다. 그러나 아무리 불가피한 사정이 있었고, 그의 진심은 딸이 생각한 것과는 달랐다고 해도 딸이 아버지를 존경할 수 없는 사람으로 생각한다면 그것은 전적으로 아버지의 책임이다.

고승덕 씨와는 반대로 조희연 씨는 아들의 전폭적인 지지를 받았다. 선거 초반에만 해도 그가 서울시 교육감에 당선되리라고 생각한 사람은 거의 없었다. 그랬던 그가 막판에 탄력을 받아 당선될 수 있었던 것은 아들로부터 인정받는 좋은 아버지, 닮고 싶은 아버지라는 이미지가 크게 작용했을 것이다.

두 사람의 사례를 보면서 세상의 그 어떤 평가보다 자녀의 평가가 무섭다는 것을 새삼 실감했다. 진정한 성공이란 뭘까? 아무리 사회적으로 성공했어도 자녀에게 존경받지 못하는 성공은 성공이 아니다. 또한 자녀가 인정해주지 않는 성공은 언제 무너질지 모르는 모래성처럼 불안전하다. 반면에 사회적으로는 평범한 인생이라도 자녀가 그를 닮고 싶어한다면 그것이야말로 진정 성공한 삶이 아닐까.

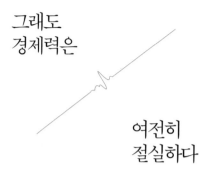

그래도
경제력은

여전히
절실하다

돈은 행복의 절대조건이 아니다. 돈이 없어도 행복할 수 있고, 돈이 많아도 불행할 수 있다. 하지만 부모의 입장에서는 생각이 달라진다. 돈으로 자녀를 키워서는 안 된다. 돈보다 사랑으로 키워야 자녀가 건강하고 반듯하게 클 수 있음을 부인하지 않는다. 그럼에도 부모가 경제력을 갖추면 자녀에게 더 든든한 울타리 역할을 해줄 수 있다는 생각도 한다.

평균수명은 길어졌는데 정년퇴직은 빨라져 요즘 부모들은 노후준비를 할 새도 없다. 정신없이 자식을 키우다 보면 어느새 50, 60대가 된다. 그때부터가 문제다. 경제력이 없으면 그 부담은 고스란히 자녀에게 돌아간다. 자녀 입장에서는 부모가 존재하는 것 자체로도 힘이 된다고들 말하지만, 부모 입장에서는 미안하고 괴로운 상황이다. 자녀에게 울타리는커녕 오히려 부담스러운 짐이 되고 싶지 않다. 이 또한 내가 70대까지 일하려는 중요한 이유 중 하나다.

효도 받으려면 경제력부터 키워야

보험 영업을 할 때 참으로 다양한 부류의 고객들을 만났다. 그중에는 노후의 모델로 삼고 싶은 노부부가 두 커플 있었다. 두 커플 모두 경제력이 탄탄한 분들이었다.

보험 영업을 하면서 고객이 사고를 당해 병원에 입원하면 매일 병문안을 하곤 했다. 두 노부부 중 한 분이 교통사고로 병원에 입원했던 적이 있다. 당연히 매일 병원을 찾아 부모님처럼 보살펴 드렸다. 그러면서 흥미로운 광경을 목격했다. 어르신이 며느리와 손자가 올 때마다 용돈을 주는 것이었다. 정확하게 기억은 나지 않지만, 며느리가 오면 3만 원에서 5만 원, 손자에게는 1, 2만 원가량 주었던 것 같다.

용돈을 받으려고 며느리와 손자가 병문안을 온 것은 아니었을 것이다. 하지만 매일 병문안을 하는 자녀들을 보면서 부모가 경제력이 있고, 병문안을 와준 것에 용돈으로라도 고마움을 전했기 때문에 자녀들이 더 잘하려고 노력하는 게 아닌가 싶었다.

다른 한 노부부의 예도 비슷하다.

그분들은 내가 딸과의 갈등을 풀어보고자 상담 공부를 시작하면서 만났다. 큰 기업을 이끄는 회장님이었는데, 곤지암 근처 전원주택에서 사셨다. 자녀들은 모두 미국에서 살았다. 그럼에도 회장님은 자녀들이 한국에 오면 언제든지 머물 수 있는 방을 만들어 놓았다. 그것도 아무런 불편 없이 편하게 쉴 수 있는 최고의 휴식 공간으로 꾸며 놓았더니 며느리들이 한국에 오면 친정에 가지 않고, 내내 시댁에 있다가 돌아간다고 한다. 보통 며느리들은 친정이 편한 법인데, 회장님 며느리들은 시댁에 있을 때가 편하다고 한단다.

두 노부부의 삶을 보면서 경제력의 중요성을 확인했다. 여기에 대해서는 이견이 많으리라 생각한다. 부모가 경제력이 있다고 자주 찾아오고, 부모가 줄 게 없다고 찾지 않는다면 패륜도 그런 패륜이 없다. 하지만 나는 부모의 경제력이 자녀를 불러들이는 미끼가 아니라 자녀가 좀 더 마음 편히 부모에게 의지할 수 있는, 편안한 고향을 만들어주는 든든한 토대라고 생각한다.

모처럼 부모님을 찾았는데 경제적으로 궁핍해 먹고 싶은 것도 먹지 못하고, 입고 싶은 옷도 제대로 사 입지 못하는 모습을 자녀들이 본다면? 당연히 마음이 불편하고 죄책감을 느낄 것이다. 또한 부모님 집에 편안하게 잠을 잘 수 있는 공간이 없다면 오래 머물고 싶어도 머물 수가 없다. 어쩌다 하룻밤은 방이 없어도 남자는 남자끼리, 여자는 여자끼리 한 방에 몰려 자면서 재미를 느낄 수도 있겠지만 그 이상은 무리다.

멀리 떨어져 사는 자녀를 위한 방을 마련해둔 노부부의 이야기는 내게 깊은 감명을 주었다. 그래서 순천에 살 때 큰 아파트를 장만하고 아이들 방을 마련했다. 아이들이 유학을 떠난 후에는 대부분 아이들 방이 비어 있지만 그래도 언제라도 아이들이 오면 마음 편히 자기 방에서 쉴 수 있게 해주고 싶어서다. 아이들도 은근히 좋아하는 눈치다. 벌써 집을 떠난 지 10여 년이 훌쩍 지났지만 순천에 가면 여전히 자기 방이 있다는 데 안도하는 표정이다.

'효자는 부모가 만든다'는 말이 있다. 부모가 자녀에게 바라는 가장 큰 효도는 자주 얼굴을 보여주는 것이다. 그렇다면 자녀가 편하게 부모를 찾을 수 있는 환경을 만들어줄 필요가 있다. 언제라도 마음 편히 찾아와 쉬다 갈 수 있게 하려면 최소한 자녀의 도움을 받지 않고 살 수 있는 경제력이 있어야 한다.

경제력 있는 부모일수록 든든하다

돈만 있으면 자녀를 잘 키울 수 있다고 생각하는 것만큼 어리석은 일도 없다. 부모가 경제력이 있다고 돈으로 모든 것을 해결하려고 하다가 자녀를 망가뜨린 경우는 수를 헤아릴 수도 없이 많다.

사실 나도 아이들을 키우고 교육시키는 데 돈을 아까워하지 않는다. 아이들이 초등학교에 들어가기 전부터 고액 과외를 시키기도 했고, 이왕이면 좋은 옷을 입히고, 좋은 음식을 먹이려고 노력했다. 아이들을 위한 것이라면 아까울 것이 없었다. 이런 나를 보고 시어머니는 돈으로 아이를 키우면 안 된다고 걱정하셨다.

자녀가 원한다고 다 지원할 필요는 없다. 특히 자녀의 꿈을 이루는 데 필요한 것이 아니라 단순히 과시를 위해 비싼 옷이나 신발을 사달라거나 놀기 위해 경제적인 지원을 원하는 것이라면 무시해도 좋다. 자녀의 장래를 위해서도 그렇게 하는 것이 옳다. 하지만 자녀가 하고 싶은 것을 하기 위해 도움을 청하는 것이라면 나는 적극적으로 지원할 수 있는 부모가 되고 싶다.

마음으로 아이의 꿈을 적극적으로 지원하고 격려하는 일은 부모라면 당연한 일이다. 그리고 자녀는 그런 부모의 마음만으로도 자신감을 갖고 자신의 꿈을 향해 달려갈 수 있다. 그렇지만 이왕이면 마음으로 응원하는 것을 넘어 필요할 때 경제적인 지원까지 해줄 수 있다면 자녀는 한결 수월하게 자신의 꿈을 이룰 수 있을 것이다.

자녀에게 절실하게 필요한 것임에도 불구하고 경제력이 없어 지원해줄 수 없을 때 부모의 마음은 찢어진다. 부모가 경제력을 갖추면 자녀에게 더 든든한 지원군 역할을 해줄 수 있다. 경제적인 지원이 아니더라도 필요할 때 도움을 요청할 수 있는 부모가 곁에 있다는 것만으로도 아이들은 든든해한다.

우리 아이들은 어렸을 때부터 경제적으로 부족함을 모르고 자랐지만 경제적인 관념이 투철한 편이다. 딸은 나를 닮아 써야 할 때는 과감하게 쓰면서도 아낄 때는 아낄 줄 아는 알뜰한 타입이다. 아들은 구두쇠에 가깝다. 여간해서는 주머니에서 돈이 나오는 법이 없다. 그런 아이들이라 그런지 미국에서 두 남매가 함께 공부하던 시절에는 정말 허리띠를 졸라매고 살았다. 돈을 더 보내달라고 하면 더 보내줄 수 있는 능력이 부모에게 있었음에도 생활비를 줄여가며 손을 내밀지 않았다. 심지어는 미국에서 소매치기를 당해 생활비가 부족했을 때조차도 견뎠다.

왜 그랬느냐고 물었더니 아이들은 이렇게 대답했다.

"언제든 손을 내밀면 잡아줄 수 있는 엄마가 있어서 힘이 나고 그래서 견딜 수 있었어요."

어떤 상황에서도 내 편에서 마음뿐만 아니라 필요하다면 경제적으로도 도와줄 수 있는 사람이 있다면 그것만큼 든든하고 행복한 일도 없다. 내 아이들에게 내가 그런 존재라는 말을 들었을 때의 감동은 지금까지도 잊

202

히지 않는다. 엄마 때문에 든든했고, 무엇이든 해줄 수 있는 엄마 때문에 밖에 나가서도 늘 기죽지 않고 당당할 수 있었다는 말을 들으면서 가슴이 벅찼다.

아이들이 더 크게 성장해도 나 또한 더 성장해 언제까지나 아이들을 물심양면으로 도울 수 있는 지원군으로 살고 싶다.

She's got a dream does not stop

Innovation distinguishes between a leader and a follower
혁신은 리더와 추종자를 구분하는 잣대이다

4

혼자가 아닌
모두를 꿈꾸며

리더는 사람을 포기해서는 안 된다
아무리 애를 써도 스스로 포기하면 어쩔 수 없다
하지만 본인이 포기하려는 의도가 없다면
성장할 때까지 **기다려주어야 한다**

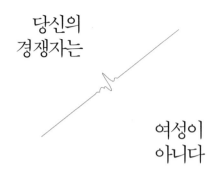

당신의 경쟁자는 여성이 아니다

며느리에게 고된 시집살이를 시키는 사람은 시어머니다. 시어머니 역시 며느리였던 시절에 혹독한 시집살이를 해 같은 여성끼리 애환을 공유할 수 있을 것 같은데 위치가 바뀌면 더 독한 시집살이를 시킨다. 자신은 며느리였을 때가 없었다는 듯, 아니 며느리가 자신을 힘들게 한 장본인이라도 되는 듯이 며느리를 적대시한다.

사회에서도 비슷한 일이 벌어진다. 지금은 예전에 비하면 훨씬 나아졌지만 여전히 남녀차별이 존재한다. 사회 초년병 시절에는 남녀차별이 없는 것처럼 느끼다가도 경력이 많아질수록 여전한 것을 실감하곤 한다. 그런 만큼 여성들끼리 서로 돕고 격려하며 남녀차별을 극복해야 한다. 그런데 돕기보다는 서로를 경쟁상대로 생각하는 경우가 적지 않다.

사회생활을 하다 보면 같은 동기라도 진급 시기가 다를 수 있다. 같은 동기라도 여성들은 이성 동기가 먼저 진급했을 때보다 여성 동기가 먼저 진급했을 때 더 많이 질투한다고 한다. 같은 여성이 잘되었을 때 박수를 보내는 것이 아니라 폄하한다. 능력으로 승진한 것이 아니라 상사에게 잘 보여서 승진했다는 식으로 깎아내린다. 여성의 적은 남성이 아니라 여성이라는 말이 나온 것도 이 때문이다.

여성은 서로 경쟁해야 할 대상이 아니다. 여전히 사회에는 눈에 보이지 않지만 '유리 천장'이라는 암묵적인 차별과 편견이 존재한다. 겉보기에는 남녀평등이 구현된 것처럼 보이지만 실제로는 여전히 보이지 않는 차별이 존재한다. 혼자의 힘으로는 유리 천장을 깨기 어렵다. 그 때문에 서로 돕고 화합해야 함께 성장할 수 있다.

여성만이 여성을 보듬을 수 있다

사실 메리케이에 입사할 때까지만 해도 여성들이 왜 서로를 도와야 하는지 잘 몰랐다. 보험회사에도 여성이 많았다. 하지만 일의 성격상 팀보다는 개개인이 독립적으로 일해야 했기 때문에 서로 돕기보다는 경쟁에 익숙했다. 누가 더 보험 영업을 잘해 실적을 많이 올리느냐가 중요했다.

보험왕에 오른 후에는 동료들과의 경쟁도 무의미했다. 실적이 압도적으로 차이 났기 때문에 나도 동료들도 서로를 경쟁상대로 생각하지 않았다. 어느 순간부터 나는 나 자신을 경쟁상대로 삼고, 내가 쌓은 실적에 도전해 깨는 것을 목표로 일하기 시작했다.

지금 생각해보면 열심히 일해도 실적이 좋지 않아 고민하는 동료들에게 내가 도움을 줄 수 있는 방법이 있었을 것이다. 내가 어떻게 보험 영업

208

을 하는지 궁금해하는 이들도 많았지만, 다른 사람에게 많이 이야기한 기억이 없다. 특급비밀이라 공개하지 않은 것이 아니라 남들이 다 아는 영업의 기본에 충실했을 뿐이기도 했고, 무엇보다 공부도 결국 혼자 힘으로 해야 하듯이 영업 또한 스스로 깨닫고 노력해야 잘할 수 있다고 생각했기 때문이다.

메리케이에 입사한 후에야 여성들이 혼자 일할 때보다 서로 도우면서 일할 때 더 큰 시너지 효과가 날 수 있다는 것을 알았다. 메리케이는 구조 자체가 서로 돕지 않으면 일이 되지 않는다. 여성이 여성을 적이 아니라 함께 가야 할 파트너로 일하는 구조를 만들어 놓은 것이다.

어떻게 메리케이라는 회사가 설립되었는지를 알고 나는 적잖이 감동받았다. 메리케이는 여성들이 꿈을 이룰 수 있도록 돕기 위해 만들어진 회사다. 메리케이 설립자인 메리 케이 애시 여사가 여성들을 위한 회사를 만들겠다는 꿈을 꾸고, 결국 이룬 데는 사연이 있다.

그녀는 뛰어난 영업인이었다. 하지만 그녀의 성장 과정은 순탄하지 않았다. 7살 때 아버지가 병으로 자리에 누워 엄마가 생계를 책임져야 했다. 그 때문에 어린 나이에 엄마를 대신해 아버지를 간병했다. 아이가 감당하기 어려운 일이었지만 엄마는 그런 그녀를 격려했다. 아버지께 드릴 스프를 끓이는 방법을 몰라 당황해하는 그녀에게 "애시야, 넌 할 수 있어"라고 격려하며 레시피를 알려주었고, 엄마의 말에 용기를 얻어 성공적으로 스프를 끓일 수 있었다.

어려운 환경이었지만 할 수 있다고 자신감을 불어넣어주고 격려해준 엄마 덕분에 그녀는 아무리 어려운 상황에서도 좌절하지 않고 꿈을 꾸는 씩

씩한 여성으로 자랄 수 있었다.

결혼 후에도 상황은 크게 달라지지 않았다. 20대 초반에 결혼했지만 곧 이혼했고, 두 번째 남편은 심장마비로 세상을 떠났다. 그러는 동안 그녀는 3명의 자녀를 부양해야 할 가장이 되었다. 그때나 지금이나 전문지식이나 경력이 없는 사람이 선택할 수 있는 일은 많지 않다. 그래서 시작한 일이 영업이었다. 가정용품을 파는 스탠리 홈 프로덕트에 취직해 영업을 했는데, 실적이 아주 좋았다. 그럼에도 불구하고 급여는 똑같이 일한 남자 사원에 비해 훨씬 적었다. 그들과 같은 급여를 받으려면 그들보다 두 배 이상 일해야만 했다.

그녀가 스탠리 홈 프로덕트에서 일했던 1960년대만 해도 미국에는 성차별이 심했다. 1963년 고용평등법이 발표된 후에도 여성의 임금은 남성의 62퍼센트 수준에 불과했다. 급여도 급여지만, 여성의 능력 자체를 폄하하는 분위기가 농후했다. 여성이 참신한 아이디어를 내도 "또 여자 같은 발상이군" 하며 핀잔을 주는 일이 비일비재했다.

여성에게는 승진의 기회도 거의 없었다. 그녀는 영업 실적이 뛰어났음에도 불구하고 자기보다 늦게 입사한 남자사원에게 늘 밀려 승진하지 못했다. 끊임없이 차별을 받으면서 그녀는 여성들이 열심히 일한 만큼 보상받을 수 있는 회사를 만들겠다는 꿈을 꾸기 시작했다. 그래서 세운 것이 메리케이다.

그녀는 근무조건도 여성에 맞게 바꾸었다. 결혼한 여성이 일할 때 겪는 가장 큰 고민이 육아다. 매일매일 정해진 시간에 출근하고 다른 사람의 눈치가 보여 제때 퇴근하지 못하면서 아이를 키우기란 상당히 어렵다. 그

210

녀 역시 아이를 키우면서 일했기 때문에 누구보다도 이런 고충을 잘 알고 있었다. 그래서 메리케이를 설립하면서 과감하게 출근문화를 없앴다. 육아와 집안일을 직장일과 병행할 수 있도록 스스로 하루 스케줄을 짜서 융통성 있게 일할 수 있도록 한 것이다.

여성만이 여성을 도울 수 있는 것은 아니다. 요즘에는 남성들도 여성의 능력을 높이 평가하고 인정한다. 남녀차별하지 않고 성장할 수 있도록 돕고 격려하는 남성들도 많다. 하지만 남성이 누릴 수 있는 특권을 크게 해치지 않는 한도 내에서 여성을 돕는다. 여성을 도움으로써 자신이 뒤처지거나 자기에게 돌아오는 몫이 적다고 생각하면 그 순간 등을 돌린다.

더 큰 문제는 여성이기 때문에 겪는 고통을 남성들은 진심으로 이해하지 못한다. 여성이 육아를 비롯한 가정과 직장 생활을 병행하기가 얼마나 어려운지 모른다. 아직도 끈질기게 남아 여성을 괴롭히는 편견들도 이해할 수가 없다. 그런 문제는 오직 같은 여성들만이 공유하고 도울 수 있다.

메리케이에서 수많은 여성들과 함께 일하면서 여성끼리 공감하고 공유할 수 있는 것들이 얼마나 많은지 알게 되었다. 일뿐만 아니라 여성이기 때문에 겪어야 하는 고통을 함께 이야기하고, 서로 격려하고, 희망을 잃지 않도록 도우면서 예전에는 경험하지 못한 새로운 기쁨을 느낀다.

혼자는 힘겹지만 함께 가면 즐겁다

앞에서도 이야기했지만, 메리케이는 철저하게 팀 단위로 움직이도록 구조를 만들어 놓았다. 다른 사람보다 먼저 경험한 사람을 팀의 리더로 세우고, 그 리더가 팀원들에게 자신의 경험을 알려줌으로써 쉽게 갈 수 있도록 도와준다.

이런 구조를 만든 이유는 간단하다. 혼자 가면 쉽게 넘어지고, 한번 넘어지면 쉽게 일어날 수 없기 때문이다. 아무리 능력이 뛰어난 여성이라도 한 번도 넘어지지 않고 승승장구할 수는 없다.

일을 하다 보면 끊임없이 크고 작은 문제에 부딪힌다. 물론 그 누구의 도움 없이도 스스로 문제를 해결하고, 오뚝이처럼 다시 일어서는 이들도 있다. 나 또한 다른 누구에게 도움을 요청하는 것 자체를 부담스러워해, 메리케이에 입사하기 전에는 혼자 문제를 끌어안고 해결하기 위해 아등바등했다. 다행히 나는 문제가 생길 때마다 잘 해결하고 계속 성장할 수 있었다. 하지만 혼자서는 도저히 문제를 해결하기 힘들어 주저앉는 이들이 훨씬 많다.

같은 일을 하는 이들은 대부분 비슷한 과정을 거친다. 처음 영업을 시작했을 때 많이 겪는 어려움이 사람을 만나는 것이다. 사람을 만나야 영업이 이루어지는데, 사람을 만나는 것이 두렵고, 거절당하면 두려움은 증폭된다. 팔려는 제품을 제대로 설명해 상대방의 마음을 움직이는 것도 어렵고, 열심히 일했는데도 실적이 좋지 않으면 금방이라도 포기하고 싶어진다.

이런 어려움이 생길 때마다 혼자서 해결하려 하면 금방 지친다. 그래서 팀의 리더나 선배의 도움이 필요하다. 그들은 한 발 앞서 이미 다 겪고 해결한 경험이 있기 때문에 그 누구보다도 현명하게 조언해줄 수 있다.

능력이 뛰어나고 자기관리를 잘하는 사람은 함께 가기가 답답해 혼자

가고 싶어할지도 모른다. 나도 그렇게 느낄 때가 있다.

많은 사람이 함께 보폭을 맞추며 먼 길을 가기란 쉬운 일이 아니다. 아무리 앞에서 열심히 길을 인도해도 뒤처지는 사람도 생기고, 대열을 이탈하려고 해 애를 태우는 경우도 있을 것이다. 차라리 그들을 돕지 않고 빨리 걸을 수 있는 이들끼리만 발을 맞추면 더 빨리, 더 멀리 갈 수 있을 것 같다. 하지만 그렇지 않다. 믿기 어렵겠지만 쓰러진 사람을 일으켜 세우고, 힘이 들어 뒤처지는 이들을 뒤에서 밀어줄 때 결과적으로 더 빨리, 더 멀리 갈 수 있다.

함께 멀리 가려는 이유는 분명하다. 메리케이는 친목집단이 아니다. 여성들이 서로 아픔을 공유하고 격려하며 멀리 가려는 이유는 매출을 더 많이 올리기 위해서다. 보험 영업을 할 때 혼자서 엄청난 매출을 올린 경험이 있기 때문에 처음에는 과연 팀 단위로 일했을 때 혼자 일할 때보다 더 많은 수입을 얻을 수 있을까 싶었다. 그런 의문은 메리케이에서 일하면서 곧 사라졌다. 서로 도우면서 일하면 1 더하기 1이 2가 아닌 3, 4, 5가 될 수 있음을 직접 경험했다.

여럿이 함께 도우면서 일했을 때 시너지 효과가 난다는 것은 이미 많은 분야에서 입증되었다. 개인보다 팀 단위로 일하는 회사는 메리케이뿐만이 아니다. 규모가 큰 회사일수록 일을 팀 단위로 진행한다. 소비 인구가 갈수록 많아지고, 전 세계가 하나의 시장으로 변모함에 따라 일의 규모 역시 점점 더 커지고 있다. 그만큼 더이상 혼자서는 모든 것을 할 수 없는 시대가 되었다.

좋든 싫든 함께 일해야 결과를 낼 수 있는 일이 많아지면서 인재를 뽑는 기준도 달라지는 추세다. 요즘 기업들은 개인기가 뛰어난 독불장군보다는 다른 사람과 잘 협력할 수 있는 사람을 더 좋아한다.

메리케이는 모든 여성에게 문이 열려 있기 때문에 이기적인 성향이 있다고 거부하지는 않는다. 메리케이에 입사하기 전 다른 분야에서 뛰어난 영업 실적을 기록했던 여성일수록 처음에는 함께 가는 것을 답답해한다. 하지만 그녀들도 내가 그랬듯이 함께 가는 것이 더 쉽고 멀리 갈 수 있다는 것을 알게 되고 이해한다. 남을 돕는 것이 자신에게도 도움이 된다는 것을 알고 기꺼이 다른 사람과 발걸음을 맞추며 걷는다.

이런 변화를 볼 때마다 가슴이 뭉클해지고, 같은 여성들끼리 서로 사랑하며 함께할 수 있다는 데 감사한다.

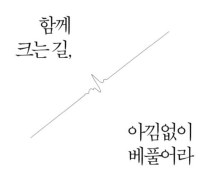

함께
크는 길,

아낌없이
베풀어라

메리케이에서 디렉터가 되면서 어떻게 하면 같이 일하는 여성들을 성장시킬 수 있을까 많이 고민했다. 메리케이에 입사하기 전까지는 주로 혼자 배우고 혼자 일했기 때문에 내가 아닌 다른 사람의 성장을 고민하지 않아도 되었다. 하지만 메리케이는 다른 여성들과 함께 힘을 합해 일해야 하는 구조였고, 디렉터에게는 뷰티 컨설턴트를 도와 성장시킬 의무가 있었다.

처음에는 막연했다. 사람마다 성격과 특성이 다른데, 획일적인 방법으로 접근해서는 안 될 것 같았다. 고민은 의외로 간단히 해결되었다. 메리케이에서는 칭찬, 격려, 인정을 중요시한다. 이 세 가지면 충분했다. 구체적인 영업기술을 가르치지 않아도 서로를 인정하고 칭찬과 격려를 아끼지 않으면 스스로 성장동력을 찾고 무섭게 성장했다.

지적보다 칭찬과 격려를 내밀어야

칭찬에 대해서는 저마다 이견이 존재한다. 한때《칭찬은 고래도 춤추게 한다》가 베스트셀러가 되면서 칭찬 열풍이 분 적이 있다. 칭찬이 무기력하고 패배주의에 젖어 있던 조직을 변화시켜 생산성을 크게 높였다는 내용을 담은 책이었는데, 이후 꽤 오랫동안 칭찬이 절대불변의 진리로 군림했다. 집에서도, 학교에서도, 기업에서도 칭찬을 해야 아이가, 학생이, 조직 구성원들이 바람직한 방향으로 잘 성장할 수 있다고 믿었다.

칭찬 예찬이 과열되면서 칭찬을 경계하는 목소리 역시 높아지기 시작했다. 특히 무조건적인 칭찬은 사람을 성장시키는 데 오히려 독이 된다며 우려했다. 분명 잘한 것은 칭찬해야 하지만 잘못한 것은 따끔하게 지적해주어야 한다는 목소리도 만만치 않았다.

둘 다 일리가 있는 주장이다. 그럼에도 사람을 성장시키는 데 칭찬만큼 훌륭한 약은 없다고 생각한다. 메리케이는 서로를 칭찬하고 격려하며 성장했고, 그것으로 성장할 회사다. 칭찬을 싫어하는 사람은 없다. 아무런 근거도 없이 무조건 칭찬을 위한 칭찬을 하면 기분이 상할 수 있지만, 진정성이 담긴 칭찬은 크기와 상관없이 누구라도 기분 좋게 만든다.

칭찬에 인색한 사람은 "칭찬할 일을 하지도 않았는데 어떻게 칭찬을 하느냐?"고 반문한다. 칭찬할 거리는 늘 있다. 메리케이에서는 아주 작은 일도 아낌없이 칭찬한다. 아이크림을 하나 판매했다고 해도 "정말 훌륭해요"라고 칭찬하고, 이번 주 판매가 지난주보다 3만 원 늘었다고 해도 진심으로 칭찬하며 축하해준다.

대단하지도 않은 일에 유난스럽게 칭찬한다고 생각할 수도 있다. 하지만 칭찬의 효과는 대단하다. 칭찬은 자신감을 키워준다. 여성들은 대부분 자기 능력을 폄하한다. 자기 안에 얼마나 빛나는 보석이 있는지 잘 모른다. 일을 하고 싶어하면서도 스스로 주눅이 들어 할 수 없다고 단정 짓는다. 그랬던 그녀들에게 칭찬은 자기도 몰랐던 자신의 가치를 알게 해주는 도화선 같은 역할을 한다. 칭찬으로 잃어버렸던 자신감을 회복하면 성장하는 것은 시간문제다.

때로는 문제점을 정확히 짚어주기도 해야 한다. 칭찬으로 할 수 있다는 자신감을 키워주는 것도 중요하지만, 더 크게 성장하려면 자신의 문제점을 제대로 알고 해결해야만 한다. 물론 그때도 칭찬과 격려가 먼저다.

"좋아요, 잘했어요. 하지만 이럴 때는 이런 방법으로 하면 더 좋은 결과를 얻을 수 있을 것 같은데요. 그러면 분명히 더 잘할 수 있을 거예요."

먼저 칭찬하지 않고 무조건 지적부터 시작하면 잘못했다고 질책을 받는 것처럼 느껴져 기분이 언짢고 힘들게 찾았던 자신감을 다시 잃을 수도 있다. 지적해주어야 할 때일수록 칭찬과 격려를 잊어서는 안 된다.

인정받고 싶은 건 누구나 마찬가지

"전 다른 사람이 절 어떻게 생각하는지 관심 없어요. 다른 사람의 인정이 왜 중요하죠? 저만 떳떳하고 당당하면 되죠."

이렇게 말하는 이들이 종종 있다. 다른 사람의 시선을 너무 의식할 필요는 없다. 다른 사람이 어떻게 생각할까 두려워서 하고 싶은 일을 하지 못할 이유도 없다. 그렇지만 다른 사람의 인정이 필요 없는 삶이 과연 행복할까?

인정은 남을 통해서만 받는 것은 아니다. 다른 사람들의 인정에 앞서 자기 스스로가 자신의 가치를 인정해야 어떤 상황에서도 당당하게 살 수 있다. 다른 사람들이 아무리 인정해도 스스로 자신을 인정하지 못하면 주도적인 삶을 살기 어렵다. 남들이 뭐라 해도, 남들이 아무리 비웃어도 스스로 자신을 인정하면 쉽게 좌절하거나 포기하지 않는다.

하지만 사람은 자기 스스로의 인정만으로는 만족하지 않는다. 누구나 다른 사람으로부터 인정받고 싶어한다. 집에서는 부모에게 자랑스러운 자녀, 착한 자녀로 인정받고 싶어하고, 학교에서는 모범이 되는 학생, 성실한 학생, 착한 학생으로 인정받고 싶어한다. 인정받고 싶어하는 욕구는 어른이 되어서도 끝이 없다. 직장에서는 능력 있는 사람으로 인정받고 싶어하고, 인간관계를 맺고 있는 많은 사람들에게 좋은 사람, 멋진 사람으로 인정받고 싶어한다.

인정받고 싶은 마음은 본능적인 욕구다. 인간은 사회적인 동물이기 때문에 다른 사람들로부터 인정받았을 때 비로소 자신의 존재와 가치를 확인한다. 그래서 사람들은 인정을 받기 위해 최선을 다한다. 열심히 노력해 인정받았을 때의 기분은 상상 이상이다. 날아갈 듯 기분이 좋고, 더 큰 일도 얼마든지 해낼 수 있을 것 같은 자신감이 충만하게 차오른다. 반대로 아무리 노력해도 인정받지 못하면 의기소침해진다. 자신감을 상실하고 '내가 원래 그런 사람이지 뭐' 하며 자괴감에 빠지기도 한다.

결국 인정이 사람을 성장시킨다. 인정만 해도 사람은 저절로 성장한다. 굳이 성장하는 방법을 알려주지 않아도 스스로 방법을 찾고 성장하기 위해 노력한다.

인정을 표현하는 방법은 여러 가지다. 진심어린 칭찬만으로도 충분한 인정이 될 수 있다. 칭찬과 인정은 동전의 양면과도 같아 칭찬을 하면 그 자체가 그대로 인정이 된다. 다만, 무조건적인 칭찬으로는 인정받았다는 느낌을 주지 못한다. 아무 때나, 아무런 근거도 없이 "정말 능력 있는 사람이에요"라고 칭찬한들 믿지 않는다. "처음 스킨 클래스를 했는데, 많이 해본 것처럼 능숙하게 정말 잘했어요. 발전 가능성이 정말 많네요"와 같이 구체적인 것을 칭찬하고 인정해야 설득력이 있다.

진심어린 말로도 충분히 인정해줄 수 있지만 메리케이에서는 인정의 대가로 다양한 선물을 제공한다. 선물은 인정받은 사람에게 주는 상과도 같다. 회사에서 제시한 매출액을 달성하면 보석을 주기도 하고, 여행을 보내주거나 고급 승용차를 준다. 평소 여성들이 도저히 스스로를 위해서는 절대 사지 못할, 그러면서도 갖고 싶어하는 그런 것들이다. 생각만 해도 마음을 흔드는 선물을 받으면서 인정받았음을 더 실감한다.

옷도 인정의 표시로 사용된다. 메리케이에서는 성과에 따라 디렉터에게 고급 수트를 입을 특권을 부여한다. 전문 디자이너가 심혈을 기울여 디자인한 고가의 옷이다. 이 정장은 그 자체로 대단한 인정의 표식이다. 수많은 디렉터와 뷰티 컨설턴트들이 모인 세미나에서 사람들은 입고 있는 옷만 봐도 누가 가장 능력 있는 디렉터인지를 단박에 알아본다.

그뿐만이 아니다. 메리케이에서는 매월 발행하는 잡지 《어플로우즈》에 최우수 뷰티 컨설턴트와 단계별로 새로 디렉터가 된 여성들의 이름을 공개한다. 이 또한 훌륭한 인정의 표시로 당사자들을 기쁘게 하고 보람을 느끼게 한다.

인정은 많이 해도 탈이 나지 않는다. 또한 인정은 나 혼자 할 때보다 가능한 한 여러 사람들에게 널리 알려 모두가 인정해줄 때 더 효과적이다. 한 사람에게 인정받았을 때와 10명에게 인정받았을 때, 수많은 이들에게 인정받았을 때의 효과는 확연히 다르다. 그래서 가능한 한 내가 인정하는 부분을 어떻게 다른 사람들과 공유할 수 있을지 많이 고민하고 실천한다.

인정은 긍정이다. 메리케이에서는 매주, 매월, 매년 인정식을 한다. 서로가 서로를 칭찬하고 서로를 인정해줄 것을 찾고 공개적으로 인정한다. 이런 과정을 통해 관계는 한결 긍정적으로 발전하고, 서로의 인정에 힘입어 모두 앞으로 한 걸음 더 나아갈 수 있다.

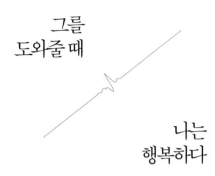

그를
도와줄 때

나는
행복하다

내가 일한 대가를 내가 아닌 다른 사람이 받는다면 어떨까? 그럼에도 불구하고 내 일처럼 열심히 할 수 있을까?

아무런 이해관계 없이 순수하게 서로를 돕는 조직이라면 가능할지도 모른다. 나는 교회를 다니면서 꾸준히 봉사활동을 하려고 노력했다. 다른 사람을 돕다 보면 정작 도움을 받고 행복해지는 것은 나라는 생각이 들 때가 많다. 하지만 이해관계로 얽힌 조직이라면 이야기는 달라진다. 현실적인 이해관계에서는 단지 마음이 뿌듯하다는 것만으로는 만족하기 어렵다. 열심히 일한 만큼 충분한 대가를 받기를 원한다.

메리케이에서 일하기 전까지만 해도 이해관계에서 내가 일한 대가를 다른 사람이 받는 구조를 상상도 하지 못했다. 그런 구조에서도 기꺼이 서로를 도와 자기 일처럼 열심히 할 수 있다는 것은 더더욱 상상하기 어려웠다. 하지만 불가능해보였던 상상이 메리케이에서는 일상적으로 일어나는 현실에 불과하다. 누군가를 도우면 그 도움을 받는 사람만 좋은 것이 아니다. 당장은 아니더라도 내가 준 도움은 언젠가는 부메랑이 되어 내게로 온다. 결국 도움을 받는 사람이나 주는 사람 모두 성장할 수 있음을 메리케이에서 수시로 확인한다.

주고받는 것이 아니라 순환하는 것

메리케이에는 '어답티 프로그램'이라는 제도가 있다. 이 프로그램은 지역과 상관없이, 이익에 상관없이 도와주는 것으로, 쉽게 이해하려면 메리케이의 기본적인 운영방식과 수익배분 구조를 알아야 한다.

메리케이를 이끄는 뷰티 컨설턴트는 클래스를 통해 제품을 판매하는 일과 새로운 뷰티 컨설턴트를 모집하는 일을 한다. 영업 중심의 조직 중에는 프랜차이즈처럼 담당 지역을 정해주는 조직이 있다. 활동할 수 있는 지역을 할당해 구성원이나 하부조직이 이해관계로 충돌하지 않도록 하기 위해서다.

하지만 메리케이에는 담당 지역이 없다. 뷰티 컨설턴트는 자기가 속한 에어리어와 상관없이 전국을 무대로 뷰티 컨설턴트를 모집하거나 판매할 수 있다. 예를 들어 서울에 사는 사람이 제주도에 방문해 새로운 뷰티 컨설턴트를 모집할 수 있다.

제주도에 살면서도 얼마든지 서울에서 클래스를 하고 판매도 할 수 있지만 현실적으로는 어려운 일이다. 제주도에서 서울을 왕복하면서 시간과 교통비를 낭비하는 동안 집 가까운 곳에서 활동하는 것이 훨씬 좋은 결과를 얻을 수 있다. 그래서 신입 뷰티 컨설턴트는 자신을 모집한 컨설턴트가 서울 출신이라 해도 거주 지역인 제주도 에어리어에서 교육받고 활동하게 된다.

여기서부터 어답티 프로그램의 진가가 나타난다. 제주도 에어리어를 책임지고 있는 디렉터는 새로 들어온 뷰티 컨설턴트를 교육하고, 성공할 수 있도록 지원을 아끼지 않는다. 하지만 그 신입 뷰티 컨설턴트가 올린 판매실적에 대한 수수료는 그를 교육시키고 도와준 디렉터가 아니라 처음 그를 추천한 뷰티 컨설턴트와 그가 속한 에어리어에 지급된다.

메리케이가 어답티 프로그램을 시행할 때 경제전문가들은 대부분 이런 방식으로는 사업을 유지할 수 없다고 말했다. 도움을 주고받는 것이라고만 이해하면 불가능해 보일 수도 있다. 크게 보면 누군가를 도우면 반드시 그 도움은 반드시 부메랑이 되어 내게로 돌아온다. 다만 도움을 주었던 그 사람이 다시 나를 돕는 것이 아닐 뿐이다.

제주도 에어리어 디렉터가 서울에 사는 뷰티 컨설턴트가 추천한 신규 뷰티 컨설턴트를 아무 조건 없이 돕듯이 제주도에 사는 뷰티 컨설턴트가 추천한 다른 지역 뷰티 컨설턴트도 해당 에어리어의 디렉터의 도움을 받으며 성장하기 때문에 사실은 공평하다. 당장 눈으로 확인할 수 없을 뿐, 내가 남을 돕는 만큼 분명히 다른 누군가도 나를 돕고 있을 것이다.

현재 내가 맡고 있는 에어리어에도 다른 에어리어 소속의 뷰티 컨설턴트들이 많다. 이왕 도우려면 제대로 도와야 한다는 것이 내 생각이다. 회사의 방침 때문에 어쩔 수 없이 돕는 흉내를 내면 어답티 프로그램은 무의미해진다. 그래서 나는 내 에어리어에 속해 있는 뷰티 컨설턴트들보다 다른 에어리어 소속의 뷰티 컨설턴트를 더 열심히 돕는다.

처음에는 우리 에어리어 소속 컨설턴트들이 그런 나를 보며 섭섭해하곤 했다. 왜 친자식보다 남의 아이를 더 예뻐하고 챙겨주느냐며 불만스러워하기도 한다. 하지만 친자식이 아니기에 더더욱 잘해주어야 한다는 것이 내 생각이다.

다른 에어리어 소속의 뷰티 컨설턴트들은 늘 미안해한다. 그들이 잘해 실적을 올려도 나한테는 수수료가 없다는 것을 항상 의식하며 미안해한다. 그러지 않아도 된다고 아무리 말해도 그들은 늘 미안해하고 고마워한다. 그런 그들을 다른 에어리어 소속이라도 관심을 두지 않으면 적응하지 못하고 꿈을 펼치기도 전에 회사를 그만둘 가능성이 크다.

나뿐만 아니라 다른 에어리어의 디렉터도 같은 마음으로 어댑티 프로그램에 참여한다. 처음에는 어댑티 프로그램을 잘 이해하지 못하고 이의를 제기하던 이들도 이 프로그램이 얼마나 서로를 성장시키는지 알고 나면 누구보다도 적극적으로 다른 에어리어 소속의 컨설턴트들을 챙긴다.

어댑티 프로그램 외에 서로 도우면서 성장하기 위한 '도브테일'도 있다. 도브테일은 불가피한 사정이 있을 때 자신의 스킨케어 클래스를 다른 뷰티 컨설턴트에게 대신 맡아달라고 부탁하는 제도다.

여성들은 가정을 버리고 전적으로 일에만 전념하기 어렵다. 집안일을 도와주는 도우미가 있어도 아이가 아파 누워 있는데 모른 체하고 일하기는 어렵다. 그렇다고 프로의 세계에서 아이가 아프다고, 집에 불가피한 사정이 생겼다고 이미 정해진 비즈니스 약속을 깰 수는 없다. 이럴 때 유용하게 이용할 수 있는 제도가 도브테일이다.

224

도브테일 역시 어답티 프로그램처럼 도움을 주고받는 형태보다는 순환되는 제도다. 근시안적인 안목으로 보면 도움을 요청하는 사람은 늘 도움을 요청하고, 도와주는 사람은 늘 돕기만 하는 것처럼 보일 수도 있지만 그렇지 않다. 내가 누군가를 도우면 그 도움이 돌고 돌아 결국 내게로 돌아온다. 만에 하나 내게 다시 돌아오지 않더라도 누군가를 도우면서 내가 성장할 수 있으니 그것만으로도 충분하지 않을까.

도움이 필요하다면 찾아가서 도와라

누군가가 도움을 요청할 때 적극적으로 돕는다면 이미 큰 그릇으로 성장한 사람이다. 하지만 좀 더 큰 사람은 누군가가 내게 도움을 요청하기를 앉아서 기다리지 않고 찾아 나선다.

사람들은 다른 사람에게 쉽게 도움을 구하지 못한다. 분명 마음속으로는 도와달라고 소리치면서도 겉으로 내색하지 않는다. 나도 그랬다. 지금까지 다른 누군가에게 도움을 요청했던 기억이 없다. 하물며 남편에게도 마음 편히 도와달라고 하지 못했다. 딱 한 번 보험 영업을 할 때 남편에게 기업체 연락처 좀 알려달라고 한 적이 있다. 당시 경찰이었던 남편은 기업들과 친분이 많았고, 화재보험은 기업에 도움이 되었기 때문에 요청한 것이다.

하지만 남편은 단호하게 거절했다. 연락처만 주면 나머지는 다 알아서 하겠다고 해도 요지부동이었다. 경찰이 공정하고 당당해야 하는데, 기업 정보를 아내에게 유출하면 그 회사에 빚진 것 같아 소신껏 공정하게 일하기 어렵다는 것이 이유였다. 섭섭했지만 맞는 말이었다. 그래서 이후 다시는 남편에게 같은 말을 꺼내지 않았다.

남의 도움을 받지 않고 혼자서 해결할 수 있다면 괜찮지만 그렇지 않은데도 혼자서만 끙끙 앓는 이들이 많다. 자존심이 강하거나 다른 사람에게 조금이라도 피해를 입히고 싶어하지 않아서일 것이다. 하지만 도움을 요청하지 못할 뿐, 그들에게도 도움은 간절하다. 그들을 찾아가 그들에게 필요한 도움을 줄 필요가 있다.

도움이 필요한 사람을 찾는 일은 간단하다. 관심만 있으면 된다. 관심을 갖고 함께 일하는 사람을 유심히 보면 그가 어떤 고민을 하고 있고, 어떤 도움을 필요로 하는지 한눈에 보인다. 굳이 돕겠다고 말할 필요도 없다. 고민에 빠져 있어 보인다면 "왜 그래? 무슨 일 있어?"라는 말만 건네도 마음을 연다. 어떤 도움을 주어야 할지는 고민을 듣다 보면 자연스럽게 알 수 있다.

내가 이룬
성과가

그에게는
비전

1990년대까지만 해도 우리나라 여성 골퍼들이 세계무대를 장악할 줄
은 꿈도 꾸지 못했다. 그 물꼬를 터준 사람이 박세리다. 그녀는 불모지나
다름없었던 우리나라 여성 골프계에 큰 획을 그었다.

IMF로 온 국민이 실의에 빠져 있었던 1998년 5월 18일, 그녀는 LPGA
투어의 메이저 대회인 맥도널드 LPGA 챔피언십에서 우승하는 기쁜 소식
을 전했다. 하지만 이는 시작에 불과했다. 그로부터 7주 후, 그녀는 전 국
민이 생생하게 기억하는 명장면을 연출했다. 연장에 연장을 거듭하며 무
려 92홀 만에 승부가 가려진 이 경기에서 우승 트로피를 품에 안았다. 전
통과 권위를 자랑하는 US여자오픈에서였다. 특히 연못 근처에 떨어진 공
을 치기 위해 맨발로 연못에 들어가 공을 치는 그녀의 모습은 전 국민의
마음에 깊은 울림으로 다가왔다.

그녀가 우승하기 전까지 우리나라 여성 골퍼가 세계 대회에서 우승하

는 것은 불가능한 목표처럼 보였다. 하지만 박세리를 보며 세계 제일의 골퍼를 꿈꾸었던 아이들이 지금 각종 세계 골프대회를 휩쓸고 있다.

불가능해 보였던 목표도 누군가가 달성하면 현실이 된다. 기본적으로 목표는 나를 위해 세우고 달성하는 것이지만 그렇게 이룬 목표가 다른 누군가에게 나도 할 수 있다는 자신감과 비전을 심어줄 수 있다면 그것만큼 멋진 일도 없을 것이다.

불가능하다고? 그래야 길이 보인다

메리케이 화장품들은 비싸지 않다. 스킨, 로션을 비롯한 기초화장품은 3만 원에서 5만 원 수준이고, 고급 기능성 화장품도 10만 원을 조금 넘는 정도다. 이런 화장품들을 한 달에 혼자 힘으로 900만 원 어치를 팔 수 있을까? 10만 원짜리 화장품을 주로 팔았다고 해도 90개는 팔아야 겨우 달성할 수 있는 금액이다. 처음 시작하는 뷰티 컨설턴트들은 엄두를 내지 못할 일이다.

하지만 나는 입사하자마자 첫 달부터 불가능해 보였던 900만 원이라는 매출을 기록했다. 내가 처음 일하기 시작한 2005년만 해도 메리케이의 인지도가 낮아 화장품을 파는 데 어려움이 많았다. 그런 상황에서 시작하자마자 900만 원 매출을 올렸더니 모두 깜짝 놀랐다. 회사에서는 판매한 구체적인 자료를 요청했다. 그때는 몰랐는데 지금 생각해보면 아마도 허위매출이 아닐까 의심해 확인해본 것 같다.

지금도 뷰티 컨설턴트가 한 달에 900만 원이라는 매출을 올리기는 쉽지 않다. 그렇다고 예전처럼 절대 할 수 없는 불가능한 목표라고 생각하지도 않는다. 이미 내가 선례를 만들었고, 나 외에도 이미 많은 뷰티 컨설턴트들이 900만 원을 달성했기 때문이다. 그래서 한 달에 900만 원 매출을 올린 후 나는 더 높은 목표에 도전했다.

메리케이에서는 판매에 대한 수입과 매출에 따라 보너스를 주는데, 월 5천만 원의 유닛 매출을 올리면 소매마진과 후원수당 외에 특별보너스로 450만 원을 받을 수 있다. 한 달 매출 900만 원도 불가능하다고 생각했는데, 5천만 원은 더더욱 불가능한 목표였다. 하지만 나는 해냈다.

불가능해 보이는 목표를 달성한 후 나는 회사에 건의했다.

"저는 이제 더이상 보너스를 받지 않아도 괜찮습니다. 목표를 더 높여주세요. 6천만 원을 했을 때, 1억 원을 했을 때 보너스를 더 많이 지급하면 후배들이 더 열심히 하지 않을까요?"

말 그대로 보너스를 더 받고 싶어 그런 건의를 한 것이 아니었다. 회사에서 더 높은 목표를 제시하지 않아도 나는 더 높은 목표를 설정하고 달성하려고 노력했다. 그래서 한 달 900만 원이었던 매출이 5천만 원으로 늘었고, 입사한 지 3년쯤 되었을 즈음에는 한 달 평균 매출이 8천만 원에 육박했다. 한 달 매출이 비약적으로 신장하면서 2007년에 11억 원의 매출을 올려 아시아퀸이 되었고, 2008년에는 이보다 1억 원이 더 많은 매출을 올려 아시아퀸 자리를 지킬 수 있었다.

돌아보면 어떻게 1년에 12억 원이라는 매출을 올렸는지 내 스스로 실감이 나지 않는다. 그럼에도 12억 원의 매출을 올린 후 자체 목표를 14억 원으로 상향조정했다. 우리나라에서 최초로 14억 원을 돌파한 선례를 만들고 싶었는데, 내셔널 세일즈 디렉터인 NSD가 되면서 기회를 잃었다. NSD는 개인 매출을 올리는 자리가 아니라 에어리어, 즉 그룹을 관리하는 자리이기 때문이다. 그래서 지금은 NSD로서 에어리어 최고의 매출을 올리겠다는 목표로 일하고 있다.

비록 14억 원이라는 매출을 달성하지 못했지만, 후배 뷰티 컨설턴트들 중에는 불가능해 보이는 목표를 달성해내는 사람이 분명히 있으리라 믿는다. 누군가가 불가능한 목표를 이루면 다른 사람들은 희망을 품고 불가능한 목표에 도전한다. 신기하게도 처음 불가능한 목표를 이룬 사람보다 이후 선례를 보고 도전했던 사람은 더 쉽게 이룬다.

불가능해 보이는 목표에 도전하다 보면 포기하고 싶을 때가 많다. 예전에 취미삼아 등산을 즐겼던 때가 있다. 높은 산을 오르다 보면 숨이 턱까지 차 당장이라도 주저앉고 싶은 유혹을 느끼곤 했다. 안내자가 조금만 더 가면 정상이라고 해도 '못해', '더이상 안 돼'라는 생각이 들 때가 많았다. 하지만 고통을 참고 한 걸음 한 걸음 오르다 보면 어느새 도저히 오를 수 없었을 것 같은 정상에 서 있는 나를 볼 수 있었다.

산을 오르면서 고통이 가장 심할 때가 정상에 가장 가까운 때라는 것을 알았다. 불가능한 목표도 마찬가지다. 정말 할 수 없을 것 같고, 힘이 들어 당장이라도 죽을 것 같은 고통을 넘어야 불가능한 목표를 현실을 만들 수 있다.

이왕이면 남이 달성한 불가능한 목표를 통해 비전을 보는 것에 만족하지 말고, 스스로 불가능한 목표에 도전해 다른 사람의 비전이 되어 보면 어떨까. 처음에는 불가능할 것 같지만 불가능한 목표를 이루면 다음에는 더 불가능해 보이는 큰 목표도 얼마든지 달성할 수 있다. 그렇게 스스로 자기 한계에 도전하고 극복하면서 사람은 비약적으로 성장한다.

'NSD 서영순', 모두의 비전이 되다

불가능한 목표에 도전해 성취한 이들은 수도 없이 많다. 그런 사람들의 이야기는 언제 들어도 감동적이다. 감동을 넘어 삶을 살아가는 데 중요한 멘토 역할을 하고 비전을 제시하기도 한다.

만약 그런 불가능한 목표를 이룬 사람이 내 가까이에 있다면 행운이다. 직접 보고, 함께 이야기하고, 같은 공간에서 생활하는 사람이 불가능한 목표를 이루면 더 강력한 비전이 되기 때문이다.

매일 같이 놀기만 해 사이좋게 끝에서 1, 2등을 다투다가 한 아이가 마음을 다잡고 반에서 10등이라는, 터무니없이 불가능해 보이는 목표를 달성했다고 가정해보자. 다른 한 아이는 '10등을 했어? 나라고 하지 말라는 법 없지'라고 생각할 것이다. 이름도 모르는 다른 동네 꼴찌가 10등을 했다면 믿지 못하거나 남 일로 치부할 수 있다. 하지만 내가 잘 아는, 가까이에 있는 사람이라면 비전은 더욱 현실적으로 느껴지고, 나도 할 수 있다는 자신감을 갖게 한다.

실제로 내 주변에는 나를 보고 NSD가 되겠다고 결심한 경우가 있다. 나와 동갑으로 중학교 선생님인 그녀는 캐나다에서 9년 동안 살다 돌아온 인텔리였다. 2008년에 처음 만났는데, 경제적으로 넉넉해 돈을 벌 이유는 없었지만 인생을 재미있게 살고 싶다며 일을 시작했다.

그녀를 돕는 일은 쉽지 않았다. 내가 확실한 동기부여를 심어주지 못해서 그런지 무언가를 제안하면 순순히 따르지 않았다. 2008년 9월부터 본격적으로 시작해 2009년 1월 디렉터의 첫 단계인 시니어 디렉터가 되었지만 더이상 진전이 없었다.

한참이 지난 후에 왜 그렇게 내 말을 듣지 않으려 했는지 이유를 알았다. 그녀는 인정 많고 인간적이었다. 일을 같이 하면서도 일보다는 인간적인 관계를 더 많이 원했다. 다른 사람들에게는 내가 비전을 주는 사람이었지만, 그녀는 내가 일보다는 가족 이야기를 비롯한 일상을 공유하는 친구이기를 바랐던 것 같다.

그녀 못지않게 나도 인간적이다. 다만 팀을 리드하는 입장이다 보니 인간적인 면보다는 이성적으로 판단하고 행동하는 일이 많았는데, 그런 내 모습이 인간미가 없다고 느껴졌던 모양이다. 진심을 다해 설득했다. 개인적인 관계에서는 얼마든지 인간적으로 허물없이 지낼 수 있지만 비즈니스 관계에서까지 그런 관계를 바란다면 어렵다고 호소했다.

다행이 진심이 통했는지 이후 그녀는 내 손을 잡아주었다. 감성적인 부분이 부족한 나를 대신해 에어리어의 엄마 역할을 톡톡히 해주었다. 엄마처럼 힘들어 하는 팀원들을 다독이고 격려했고, 경제관념도 똑 부러져 에어리어의 전반적인 살림을 맡아 야무지게 해냈다.

그러면서도 여전히 큰 욕심이 없었다. NSD가 된 이후 다른 디렉터들을 더 크게 성장시키는 것이 내 최대 목표였다. 그런데 가능성이 큰 사람이 자신의 능력을 모르고, 더 큰 목표를 세우지 않으니 안타깝기만 했다.

그랬던 그녀가 어느 순간 NSD가 되겠다는 목표를 세우고 도전하기 시작했다. 계기가 있었다. 메리케이에서 NSD가 된다는 것은 가장 높은 정상의 자리에 올랐다는 의미다. 그만큼 심사 과정도 까다롭다. NSD가 되기 6개월 전 미국 본사에서 심사하고, 한국 지사는 NSD가 되기 위해 무엇을 더 보완해야 하는지도 한 달에 한 번씩 점검해준다.

까다로운 심사를 거쳐 NSD가 되기에 부족함이 없다고 판단되면 축하 또한 화끈하게 해준다. 한국의 뷰티 컨설턴트들이 모인 자리에서 공개적으로 아낌없이 축하해준다.

"서영순 디렉터가 NSD가 되는 것은 여러분의 비전이자 성장에 대한 멘토가 생긴 것입니다."

내가 NSD가 된 것은 개인의 영광으로 끝나는 것이 아니라 다른 사람들의 비전이고, 뷰티 컨설턴트들이 내 성장을 본보기 삼아 더 크게 성장할 수 있음을 시사했다.

무대에서 스포트라이트를 받아본 사람은 그 순간을 영원히 잊지 못한다고 한다. NSD가 되면 주인공이 된 것처럼 화려한 대접을 받는다. 그런 나를 보면서 그녀는 비로소 '나도 저 자리까지 올라가야겠다'는 목표를 세웠다.

그 전에는 뚜렷한 목표가 없었다. 돈이 필요한 사람은 아니었기 때문에 성당에 다니면서 봉사활동을 하는 삶을 꿈꾸기는 했다. 메리케이에서 일하는 이유도 더 많은 돈을 갖고 싶어서가 아니라 가난하고 어려운 이웃들을 더 많이 돕기 위해서였다. 봉사가 일하는 목적이었지만 강력한 동기부여는 되지 못했다. 그랬던 그녀가 NSD가 된 나를 보고 강력한 목표를 세운 것이다.

이후 그녀는 많이 달라졌다. NSD가 되겠다고 마음을 다진 후 전에는 이해할 수 없었던 많은 부분들이 이해되고, 기꺼이 받아들일 수 있게 되었단다. 현재 그녀는 NSD 바로 아래 단계로 독립 이그제큐티브 시니어 세일즈 디렉터인 IESSD다. 2015년 9월에 NSD가 되겠다는 목표로 지금 열심히 노력하고 있다.

나를 계기로 NSD의 꿈을 꾸게 되었다는 것은 참 기분 좋은 일이다. 그런 그녀가 NSD가 될 수 있도록 도울 수 있어서 더 기쁘다.

일은
그쳐도

사람은
보내지 마라

혈연으로 맺어진 가족이 아닌 이상 일을 통해 만난 사람들과 끝까지 함께하기란 쉬운 일이 아니다. 아무리 끈끈한 정으로 엮여 있고, 가족보다 더 신뢰할 수 있다 해도 어쩔 수 없이 헤어져야 하는 순간이 온다.

메리케이에서 일하면서 나도 수없이 만남과 이별을 되풀이했다. 더 좋은 곳으로, 더 크게 성장하기 위해 떠나는 것이어서 기분 좋게 헤어지는 경우도 있지만 오해가 겹겹이 쌓여 가슴 아프게 헤어진 적도 있다.

하지만 이별은 어디까지나 일에서의 이별이다. 더이상 함께 일하지 못할 뿐, 일을 통해 쌓은 인간관계까지 헤어져야 하는 것은 아니다. 일이 떠나도 사람은 남아야 한다. 그러려면 내 입장보다는 상대방의 입장에서 이해해야 불필요한 오해와 섭섭함이 쌓이지 않는다. 당장은 가슴 아프지만, 오래도록 좋은 관계를 유지하려면 언제나 나보다 상대방을 더 먼저 생각해야 한다.

나를 위해 가는 그를 붙잡지 마라

이해관계는 냉정하다. 오래전부터 "의리!"를 외쳤던 탤런트 김보성 씨가 마침내 각종 CF를 섭렵하며 의리 열풍을 불게 했지만, 이해관계에서 의리를 기대하기는 여간한 일이 아니다. 아무리 신의가 두텁다고 해도 둘 다 이익을 얻을 수 없거나 어느 한쪽만 이익을 챙기는 관계라면 오래 갈 수 없다.

일이 끝나도 사람을 잃지 않으려면 내 이익을 위해 상대방에게 함께 있어주기를 부탁해서는 안 된다. 사실 어려운 일이다. 그가 떠남으로써 내가 감수해야 하는 불이익이 많다면 더욱 어렵다. 내게도 그런 힘겨운 시간이 있었다. 그것도 NSD라는 고지는 눈앞에 두고 두 번씩이나 오른팔이나 다름없던 사람을 떠나보내야 했다. 메리케이에서 일하면서 그때만큼 힘든 시기도 없었던 것 같다.

2006년부터 2009년까지 나는 불도저처럼 거침없이 질주했다. 3년 연속 놀라운 매출을 기록하면서 NSD가 될 수 있는 자격을 얻었다. NSD 심사는 6개월 전부터 시작된다. 6개월 전부터 한국 지사와 매달 한 번씩 미팅하면서 비즈니스 상황을 점검하고, 이후 어느 부분을 더 보강하고, 어떻게 할지 방향을 잡았다.

모든 것이 순조로웠다. 본사에서는 모든 심사 과정을 끝내고 나를 NSD로 올리기로 결정했고, 한국 지사에서 2010년 2월 1일자로 발표하기로 했다. 2월 1일이 어서 오기를 기다리기만 하면 되는 상황이었는데, 2개월 전인 2009년 말 그 누구보다 나를 잘 서포트했던 디렉터가 퇴사 의사를 밝혔다. 그녀가 떠나면 그녀 밑의 구성원들까지 함께 움직이기 때문에 상황이 심각했다. 유능한 디렉터였기 때문에 그녀가 떠나면 NSD가 되는 조건에 결격이 생길 수밖에 없었다.

다시 한 번 생각해보라고 설득했지만 그녀에게도 사정이 있었다. 메리케이에서 일하기 전에는 보험회사에 몸담고 있었는데, 일을 잘해 꽤 많은 돈을 벌었다. 워낙 능력이 출중해 메리케이에서도 실적이 아주 좋았다. 그런데 개인적인 사정으로 더 많은 돈이 필요해지면서 어쩔 수 없이 단기간에 더 많은 수입을 올리기 위해 다른 직장을 선택한 것이다.

한국 지사도 큰 고민에 빠졌다. 매출 실적도 중요하지만 NSD를 심사하는 기준에는 리더십을 보는 항목이 있다. 그녀가 그만두면서 그녀 밑에 있던 디렉터 5명이 모두 빠져나갔으니 리더십도 본사에서 제동을 걸 수 있는 상황이었다. 그래도 한국 지사는 예정대로 진행하자고 했지만 나는 무리하게 진행하지 말고 6개월을 미루자고 먼저 제안했다.

고지를 코앞에 두고 주저앉은 나를 보고 온갖 이야기가 다 나왔다. "서영순 디렉터 힘들어서 어쩌지?"라는 우려에서부터 "한참 승승장구하더니 기세가 꺾였다"는 말까지 저마다 나를 두고 한마디씩 했다.

많은 이들이 우려할 만큼 큰 사건이었지만 나는 곧 안정을 되찾고 평소처럼 일했다. 떠난 사람을 이해하고, 남아 있는 사람들의 소중함을 확인했기 때문에 가능했다. 떠난 사람에게는 말 못 할 절박한 사정이 있었을 텐데, 내가 디렉터가 되기 위해 붙잡아서는 안 된다고 생각했다. 믿었던 사람이 떠나자 내 곁을 지켜주는 사람의 소중함이 더 크게 다가왔다. 남아 있는 이들을 위해서라도 내가 흔들려서는 안 된다는 생각으로 더 열심히 일했다.

나쁜 일은 혼자 오지 않는다고 했던가. 소중한 사람이 떠나는 아픔은 한 번으로 끝나지 않았다. NSD가 되는 시기를 6개월 연장하고 부지런히 고지를 향해 가던 중 또 일이 생겼다. 2010년 5월, 연수를 받기 위해 미국에 가 있는 동안 내가 가장 믿고 일을 맡겼던 디렉터가 그만두겠다는 의사를 밝혔다.

아무것도 모른 채 귀국했지만 사무실에 들어서는 순간 뭔가 잘못되고 있다는 느낌이 왔다. 나쁜 예감은 틀리지 않는다고 했던가. 그녀의 방으로 시선을 돌렸는데, 당연히 있어야 할 사람이 보이지 않았다. 오후가 되자 그녀가 다른 곳으로 갈 것이라는 이야기가 여기저기서 들려왔다.

그녀는 나와 코드가 정말 잘 맞았다. 나를 무척 따랐고, 일에 대한 감각도 뛰어나, 자료 준비부터 교육까지 못하는 일이 없어 어떤 일이든 믿고 맡길 수 있었다. 그녀와 나와의 관계가 얼마나 돈독했는지 아는 사람들은 서영순의 날개가 하나 떨어져나간다며 불쌍해했다.

나도 큰 충격을 받았지만 내색하지 않았다. 아무 일도 없었다는 듯이 태연하게 일했다. 약간의 희망도 있었다. 아직 그녀로부터 그만두겠다는 말을 들은 것은 아니니까.

하지만 실낱같은 희망은 그녀의 전화와 함께 사라졌다. "집으로 만나러 갈게요"라는 말을 들으며 나는 이별을 예감했다.

"6개월만 메리케이에서 더 일하면서 다시 생각해보면 안 될까? 6개월 동안 최선을 다해도 이게 아니다 싶으면 그때 가도 늦지 않잖아."

다시 한 번 생각해볼 것을 부탁했지만 소용없었다. 퇴사를 결정하기까지 이미 수많은 고민의 밤을 보냈을 것이다. 아쉽지만 어렵게 자신을 위해 내린 결정과 새로운 선택을 존중해주기로 마음을 다잡았다. 모두 각자의 인생이 있는데, 나를 위해 다른 사람의 발목을 잡아서는 안 된다고 생각했다. 그래서 담담하게 그녀의 결정을 받아들였고, 산뜻하게 보내줄 수 있었다.

"정말 고마워요. 전 많이 속상해하고 저를 원망하면 어쩌나 걱정 많이 했어요. 그런데 이렇게 담담하게 보내주시니 저도 마음 편하게 떠날 수 있겠어요."

이후 그녀와는 일과 상관없이 식사도 하고 서로의 안부도 챙기고 있다. 만약 내가 두 번씩이나 NSD를 포기해야 하는 상황이 싫어 울며불며, 나를 위해서라도 몇 달만이라도 더 일하자고 했다면 어떻게 되었을까.

누군가가 떠나 내가 큰 타격을 받는 상황일 때 담담하게 보내주기는 쉬운 일이 아니다. 하지만 좋은 관계를 유지하려면 상대방의 입장에서 함께 고민하고 이해해주어야 한다. 내가 아닌 상대방의 입장에서 고민했을 때 좋지 않은 선택이라고 판단되면 말릴 수 있다. 그렇지만 남의 인생을 완벽하게 책임져 줄 수 있는 것도 아닌데, 나를 위해 희생을 부탁할 권리는 누구에게도 없다.

시작은 뜨겁게, 이별은 따뜻하게

일을 같이 하다 보면 어쩔 수 없이 헤어져야 하는 일이 많다. 더이상 일은 같이 하지 못해도 좋은 관계를 지속할 수 있다면 그것은 좋은 이별이다. 좋은 이별에는 약간의 연습이 필요하다. NSD가 되기 직전 두 번씩이나 소중했던 사람이 떠났어도 담담할 수 있었던 이유는 메리케이에 입사한 후 비슷한 이별을 여러 번 경험했기 때문이다.

메리케이에서는 사람이 재산이다. 호흡이 잘 맞는 사람들과 팀을 이루어 신명나게 일할 수 있어야 성과도 좋기 때문에 사람을 소중히 여길 수밖에 없다. 좋은 사람들과 일하기 위해 많은 시간과 애정을 쏟는다. 나도 그랬다. 그런데 함께 일하기로 약속했다가 느닷없이 다른 결정을 해 나를 아프게 했던 이들이 있다.

메리케이에는 내가 어떤 사람에게 메리케이를 전달하면 다른 사람은 절대 그에게 접근할 수 없다는 룰이 있다. 그런데 나와 모든 것을 합의해 함께 일하기로 했던 사람이 갑자기 마음을 바꾸었다. 누군가가 메리케이의 룰을 어기고 그에게 접근했는지는 확인할 수 없다. 분명한 것은 얼마 전까지만 해도 함께 일하기로 약속했던 사람이 내가 아닌 다른 사람과 일하고 싶다며 이별을 통보한 것이다. 혼자가 아니라 8명을 이끄는 헤드였기 때문에 타격이 클 수밖에 없었다.

나도 사람이기 때문에 섭섭하기도 하고 화도 났지만 아무 말 하지 않고 그대로 보내주었다. 나중에 회사에서 알고 "어떻게 해주기를 바라느냐?"고 물었다. 회사의 룰을 따르면 처음 약속한 대로 나와 일할 수 있게 해줄 수도 있고, 약속을 저버린 대가로 퇴사시킬 수도 있다고 했다. 그러고 싶지 않았다. 다른 사람을 선택한 데는 이유가 있었을 것이다. 억지로 나를 선택하게 한들 이미 마음이 떠난 사람인데 신명나게 일하기도 어렵고, 결과도 좋을 것 같지 않았다. 그가 선택한 사람과 함께 일할 수 있게 해달라고 했다.

한 번도 힘든데 비슷한 이별을 이후 두 번이나 더 겪었다. 그때마다 군소리하지 않고 보냈다. 이렇게 여러 번 이별 연습을 했기 때문에 NSD가 되기 전, 나의 오른팔이나 다름없었던 디렉터들이 이별을 통보했을 때 담담하게 받아들일 수 있었던 것 같다.

좋게 헤어지면 그는 반드시 돌아온다. 일방적으로 이별을 통보하고 떠난 사람의 마음도 편치 않다. 돈을 꿔준 사람은 두 다리 뻗고 잠을 자고 빌린 사람은 편안히 자지 못하는 것처럼 떠난 사람이 감당해야 하는 무게가 더 큰 것 같다.

지금껏 나를 떠났던 이들은 모두 다시 나를 찾아왔다. 시간은 좀 걸렸다. 내가 아무리 개의치 말라고 했어도 그들 입장에서는 미안해 나를 찾지 못했다고 한다. 한참 시간이 흐른 뒤 용기를 내 전화를 걸면 나는 반갑게 전화를 받는다. 그러면 깜짝 놀라면서 전화 잘 받아줘서 감사하다고 말한다. 일방적으로 이별을 통보한 자신이 미워서 전화도 받지 않을 줄 알았다는 것이다.

"나를 버리고 떠나는 임은 십 리도 못 가서 발병 난다"는 노랫말도 있지만, 나는 어떤 이유로 나를 떠났더라도 그들이 진심으로 잘 되기를 바란다. 다른 곳으로 가도 열심히 일해 더 크게 성장하면 다시 만나기가 쉽기 때문이다. 다른 사람의 마음에 못을 박으면서 다른 곳으로 갔는데 어려워졌다면 더 미안해 찾지 못한다.

아주 가끔은 '그때 그 사람은 잡는 게 더 좋지 않았을까?' 하는 생각이 들 때도 있다. 메리케이에서 내가 아닌 다른 디렉터를 선택했던 이들 중 2명이 메리케이를 떠났다. 한 사람은 1년 만에 떠났고, 다른 한 명은 7년 동안이나 고군분투하다 손을 들었다. 메리케이를 그만두기 전, 나를 찾아와 손을 잡고 사과하는 것을 보며 마음이 아팠다. 다른 사람과 일하면서도 계속 양심의 가책을 느껴 나를 볼 때마다 죄인처럼 작아질 수밖에 없었다고 한다.

나와 일했다고 해도 반드시 성공하리라는 보장은 없다. 그래도 미리 알았다면 7년 동안이나 마음의 빚을 안고 괴로워하지는 않았을 텐데, 미리 알았다면 그녀가 좀 더 행복한 삶을 살 수 있었을지도 모른다. 하지만 다지나고 나야 알 수 있는 일이다.

그래도 서로 기분 좋게 헤어질 수 있어서 다행이다. 지저분하게 헤어지고 서로에게 상처만 입혔다면 다시 볼 마음조차 생기지 않았을 테고, 서로의 진심을 확인할 길은 영영 사라졌을 테니 말이다.

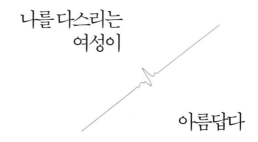

나를 다스리는 여성이

아름답다

여성은 감정이 풍부하다. 남성에 비해 감정에 솔직하고, 감정을 잘 표현하기도 한다. 나쁘지 않다. 현대 사회에서 건강하게 살려면 자신의 감정에 솔직할 필요가 있다. 슬프면 다른 사람 눈치 보지 말고 마음껏 슬퍼하고, 기쁘면 어린아이처럼 방방 뛰며 기뻐할 줄 알아야 한다. 자신의 감정을 애써 감추거나 억눌러 몸과 마음이 지치고 아픈 사람들이 많다.

하지만 일할 때만큼은 적절히 감정을 다스릴 줄 알아야 한다. 감정을 감추고 억누르라는 말이 아니다. 감정이 너무 과해 일하는 데 방해되는 것을 경계해야 한다. 여성들과 함께 일을 하다 보면 감정을 일에 개입하는 모습을 많이 본다. 감정의 기복도 심한 편이다. 일이 잘 풀려도 그렇고, 일이 잘 안 될 때도 그렇다. 감정의 늪에 빠져 있으면 일을 제대로 하기 어렵다. 좀 더 멀리 가고, 크게 성장하고 싶다면 감정을 다스리는 연습부터 해야 한다.

눈물은 '그녀의 무기'가 아니다

우리 사회는 남성의 눈물은 용납하지 못해도 여성의 눈물에는 관대한 편이다. 일할 때도 마찬가지다. 일을 잘못해 상사가 꾸지람을 했을 때 남성들은 눈물을 흘리지 않는다. 속상하고, 때로는 억울해 울고 싶어도 울면 안 된다고 배우며 자랐기 때문이다. 여성은 조금 다르다. 지금은 당당하게 능력을 발휘하며 사회활동을 하는 여성들이 많지만 아직도 여전히 눈물은 남아 있다. 게다가 그 눈물은 효과를 발휘한다. 상사가 꾸지람을 했을 때 여사원이 눈물을 흘리면 상사는 마음이 약해져 쉽게 용서한다. 여성 정치인들조차도 결정적인 순간에 눈물을 보여 사람들의 마음을 얻는 데 성공하는 모습도 종종 본다.

단기적으로는 눈물이 위기를 모면하게 해주는 역할을 해줄 수는 있다. 눈에 살짝 눈물이 고이거나 한 방울 흐르는 정도의 과하지 않은 눈물은 진정성 있게 보이기도 한다. 하지만 결국 눈물은 발목을 잡는다. 특히 위로 올라가면 갈수록 눈물은 약점으로 작용한다. 리더 역할을 해야 할 사람이 감정을 추스르지 못해 눈물을 보인다면 누가 그를 의지하고 따를 수 있을까.

크게 성장하고 싶다면 함부로 눈물을 보여서는 안 된다. 그렇다고 절대 눈물을 흘리지 말라는 뜻은 아니다. 꼭 울고 싶을 때는 울어야 한다. 억지로 울음을 참으면 병이 되기 때문이다. 하지만 아무도 보지 않는 곳에서 혼자 울고 가능한 한 빨리 감정을 추스를 필요가 있다. 눈물은 다른 사람에게 보여 무기로 사용하기 위한 것이 아니라 감정을 정화해 빨리 일상으로, 일하는 모드로 돌아가기 위한 것이어야 한다.

나는 어지간해서는 눈물을 흘리지 않는다. 감정이 메말라서가 아니라 일하면서 감정에 빠지지 않으려고 노력하기 때문이다. 딱 한 번 엉엉 운 적이 있다. 보험 영업을 할 때였다. 보험 계약을 체결하면서 약간의 실수를 했다. 전화로 불러주었던 보험 금액과 실제 청약서에 게재된 금액이 달랐다. 몇 백원 정도의 작은 차이였던 것으로 기억한다.

보험을 가입하려 했던 사장님은 크게 분노하며 질책했다. 금액 차이는 크지 않았지만 분명한 내 실수였다. 사장님을 찾아가 착오가 발행한 것을 설명하고 진심으로 사죄했다. 그래도 사장님의 분노는 사그라지지 않았다. 오히려 내가 의도적으로 보험 금액을 속인 것처럼 몰고 갔다. 몇 번씩 찾아가 사과를 해도 요지부동이었다.

큰 상처를 받았다. 이미 4년 동안 거래한 분이었다. 어려울 때는 내가 도울 수 있는 한 성심성의껏 도와주었는데, 어떻게 파렴치한으로 몰고 갈 수 있는지 섭섭하고 억울했다. 진심을 몰라주는 것도 속이 상한데, 인격적으로 모독까지 당하니 견디기 어려웠다.

그래도 고객의 오해는 풀어주어야 한다는 생각에 그날도 밤 9시경에 또 사장님을 찾아갔다. 돌아오는 것은 역시 인신공격에 가까운 거친 말뿐이었다. 황망한 마음에 어찌할 줄을 모르고 거래처를 나왔는데, 때마침 남편에게서 전화가 왔다. 남편 목소리를 들으니 왈칵 눈물이 쏟아졌다. 어린아이처럼 엉엉 울자 남편은 "당장 보험 그만둬! 누가 보험 일 하라고 했어!" 하며 질책했다. 질책이라기보다는 열심히 일했는데도 오해를 받는 아내가 안쓰러워 한 말이었다.

한참을 울고 나니 가슴이 후련해졌다. 가뜩이나 속상한데, 남편마저 당장 그만두라고 할 때는 그만두고 싶은 마음이 들기도 했지만 울고 나니 다시 전의가 불타올랐다. 다음날 다시 아무 일도 없었다는 듯이 회사에 출근해 일을 했다.

속상함, 억울함, 무기력함 등을 모두 쏟아내고 다시 파이팅하기 위한 눈물이라면 흘려도 좋다. 하지만 그 눈물에 빠져 눈물로 모든 것을 해결하려 한다면 당장이라도 눈물을 멈추어야 한다. 그런 눈물을 일차적으로 자신을 약하게 하고, 무엇보다 보는 사람들을 불안하게 만들어 함께 일하기 어려운 사람으로 보이게 만드니까 말이다.

감정과 비즈니스 주기를 분리하라

여성의 감정 기복이 심한 편이다. 그리고 여성의 감정 주기는 비즈니스 주기와 일치하는 경우가 많다. 감정이 좋을 때는 비즈니스 성과도 좋은데, 감정이 좋지 않을 때는 비즈니스 성과도 추락한다. 비즈니스 성과가 바닥으로 떨어지면 기분이 좋지 않아 더 실적이 떨어지는 악순환이 되풀이된다.

일을 아주 잘하는 디렉터들도 예외는 아니다. 감정 주기에 따라 어느 달은 상상을 초월할 정도로 높은 매출을 올리다가도 다음 달에는 평균치에도 미치지 못하는 저조한 매출을 기록할 때도 있다. 롤러코스터처럼 등락폭이 심하다.

상황은 늘 변하기 때문에 일의 결과도 늘 같을 수는 없다. 당연히 매출이 좋은 달이 있으면 저조한 달도 있기 마련이다. 하지만 등락폭이 너무 심하면 무엇을 기준으로 비즈니스 계획을 세우고, 어떻게 일해야 하는지

246

감을 잡기가 어렵다. 자신의 능력이 어느 정도인지도 제대로 파악하기 힘들다. 일을 해도 비전이 잘 보이지 않아 늘 불안감에 시달리기 때문에 등락폭을 최소로 줄여야 한다.

비즈니스 주기의 진폭을 최소화시키려면 감정 주기와 비즈니스 주기를 독립시켜야 한다. 일이 잘된다고 지나치게 흥분해서도, 일이 잘 안 된다고 필요 이상으로 의기소침해서는 안 된다. 일에 감정을 이입하면 결과는 더 나빠진다.

감정을 절제하는 훈련이 안 된 사람들은 고객을 만날 때도 감정을 그대로 드러낸다. 고객을 만나 설명할 때, 고객이 경청하며 관심을 보이면 당연히 기분이 좋아진다. 좋은 결과가 나올 것 같은 기대감도 커진다. 하지만 섣불리 감정을 개입하는 것은 금물이다. 고객이 최종 오케이를 할 때까지 긴장의 끈을 놓쳐서는 안 된다. 긴장이 풀어지면 괜히 불필요한 말을 늘어놓을 수도 있고, 꼭 해야 할 중요한 이야기를 빼뜨려 막판에 '노'가 나올 수 있다.

기분이 좋지 않으면 감정을 더더욱 잘 통제해야 한다. 나는 뷰티 컨설턴트들에게 "처음 고객을 만나러 갈 때의 마음가짐을 그 집 대문을 나와 차를 탈 때까지 유지하라"고 말한다. 고객을 처음 만날 때는 설렌다. 결과와 상관없이 그 설렘을 끝까지 갖고 가는 것이 좋다. 보통 고객의 반응이 좋지 않으면 풀이 죽어 자기도 모르는 사이에 시무룩하거나 실망감을 보이는데, 표정관리를 잘해야 한다.

고객 앞에서는 말할 것도 없고, 고객과 헤어져 고객이 나를 볼 수 없을 때까지는 실망한 표정을 들켜서는 안 된다. 처음 만날 때의 설렘이 가득

한 밝은 표정을 끝까지 유지해야 한다. 그렇게 프로답게 처신하면 당장은 거부해도 다음번에는 흔쾌히 받아준다.

처음에는 어렵지만 일에 감정을 이입시키지 않으려고 노력하다 보면 곧 익숙해진다. 나와 함께 일하는 디렉터와 뷰티 컨설턴트들도 작년까지만 해도 감정 주기에 따라 매출이 달라졌다. 거꾸로 매출에 따라 감정이 널뛰기하기도 했다. 하지만 지금은 다르다. 매출이 올랐다고 들뜨지도, 매출이 줄었다고 침체되지도 않는다. 잘되면 흥분하지 않고 더 잘될 수 있는 방법을 찾고, 안 되면 다운되는 기분을 빨리 추스르고 매출을 끌어올릴 방법을 궁리한다. 그러면서 비즈니스 주기의 진폭도 크게 줄어들었다. 약간의 등락은 있지만 결과적으로는 상승곡선을 그린다. 모두 감정 주기와 비즈니스 주기를 독립시키기 위해 노력한 결과다.

멘토도
멘티도

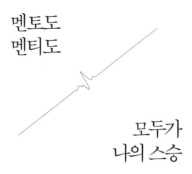

모두가
나의 스승

세상을 살면서 어려운 일이 있을 때 조언을 구하고, 삶의 방향을 인도해 줄 수 있는 사람이 있다면 그것만큼 행복한 일도 없다. 인생의 스승처럼 조언과 도움을 아끼지 않는 이들을 멘토라고 하는데, 내게도 멘토가 있다. 멘토의 도움이 없었다면 꿈을 이루는 과정이 몹시 외롭고 힘들었을 것이다.

처음에는 멘토와 멘티와의 관계에서는 사랑이 일방적으로 멘토로부터 멘티로 흐른다고 생각했다. 멘티는 단지 멘토의 도움과 가르침을 받는 존재라고 여겼다. 하지만 나중에 내가 다른 누군가의 멘토가 되어 보니 멘토와 멘티는 주고받는 관계라는 것을 확인했다.

멘토 역시 성장하는 멘티를 보면서 좋은 자극을 받는다. 누군가를 가르치면서 자신 또한 가르침을 받는다는 옛말처럼 멘토와 멘티는 서로에게 훌륭한 스승이 될 수 있다.

멘토는 나이와 경험을 뛰어넘는다

내게는 두 명의 멘토가 있다. 그중 한 명은 메리케이에 입사하면서 만났고, 지금까지 내가 도움을 요청할 때마다 명쾌한 해법을 제시해주는 손서영 NSD이다. 메리케이 NSD 중에서도 으뜸이다. 그녀를 보면서 나보다 나이가 많거나 경험이 많거나 지식이 풍부하지 않아도 멘토가 될 수 있음을 확인했다.

그녀는 나보다 2년 먼저 메리케이에 입사했다. 처음부터 그녀를 멘토로 삼았던 것은 아니다. 그녀는 내가 속한 에어리어의 리더였다. 리더로서 존중하고 열심히 따르기는 했지만 바로 멘토로 삼기는 어려웠다. 리더가 조직을 이끄는 역할을 한다면 멘토는 일뿐만 아니라 인생 전반의 가이드 역할을 해줄 수 있어야 하는데, 그녀는 무척 젊었다.

처음 만났을 때 그녀는 34세였다. 메리케이에 입사했을 때의 내가 50에 가까웠으니 딸이라 해도 어색하지 않을 정도로 나이차가 많이 났다. 전업주부로 아이 셋을 키우다 메리케이에 입사했기 때문에 사회 경험도 많지 않았다. 비교적 생각이 열려 있다고 자부하는 나였지만 딸처럼 젊은 사람이 나보다 더 인생의 깊이를 알 것이라고는 미처 생각하지 못했다.

하지만 그녀와 일하면서 인품과 나이는 비례하지 않음을 실감했다. 비록 나이는 어렸어도 그녀는 무척 똑똑하고 현명했다. 인품이 좋고, 마음이 넉넉해 그 누구라도 품을 수 있는 큰 그릇이었다. 아무리 경계심이 많은 사람도 그녀 앞에 서면 무장해제하고 진심으로 대할 정도로 그녀에게는 사람을 편하게 해주는 매력이 있다. 그러면서도 사람들을 사로잡는 카리스마를 발휘했다.

250

그녀와 일하면서 나는 점점 그녀의 인품에 매료되었다. 인품만 좋은 것이 아니라 시간이 지날수록 성장속도도 눈이 부셨다. 그녀의 놀라운 성장을 지켜보면서 어느 순간 내가 그녀를 멘토로 삼고 의지하고 있음을 깨달았다. 예전에도 그랬고, 지금도 그녀는 언제나 나보다 앞서 있다. 그녀로부터 독립해 나만의 에어리어를 이끌고 있는 지금도 혼자서는 해결하기 어려운 문제가 생길 때마다 그녀를 직접 만나거나 전화를 걸어 조언을 구한다. 놀랍게도 그때마다 내가 미처 생각하지 못했던 부분을 짚어주며 새로운 해결책을 제시해준다.

비록 나이는 내가 훨씬 많지만 그녀는 내가 힘들 때 유일하게 응석을 부릴 수 있는 존재다. 아무리 어려운 문제도 그녀에게 가져가면 술술 풀린다.

손서영 NSD 외에 또 한 명의 멘토가 있다. 성주인터내셔널 대표 김성주 씨 역시 내 삶에 중요한 영향을 미쳤다. 그녀는 어느 날 갑자기 내 삶에 뛰어 들어와 깊은 파문을 만들었다. 정확히 언제였는지는 기억이 나지 않는다. 우연히 그녀가 쓴 책《나는 한국의 아름다운 왕따이고 싶다》를 읽게 되었다. 2000년 5월에 출간한 책이니 아마 2000년 후반이나 2001년경이었던 것 같다.

책장을 펼치면서 그 즉시 그녀에게 빠져들었다. 그녀의 마인드가 아주 좋았다. 보수적인 아버지의 반대에도 굴하지 않고 26세라는 늦은 나이에 유학을 갈 수 있었던 용기도 존경스러웠고, 한국으로 돌아와 한국의 고질적인 사회통념과 전면으로 부딪치면서 편법을 전혀 쓰지 않고 회사를 키운 것도 매우 인상적이었다.

인재를 선발하는 방식도 마음에 들었다. 그녀는 학벌과 나이보다는 철저하게 능력과 사람 됨됨이를 중요시했다. 학벌과 나이가 능력보다 우선하는 한국 사회에 염증을 느끼던 나로서는 그녀의 마인드가 신선하면서도 감동적이었다.

손서영 NSD가 가까이에서 일적으로나 정신적으로 도움을 받을 수 있는 멘토라면 그녀는 정신적인 지주 역할을 해준다. 비록 그녀는 나를 모르지만 나는 그녀 덕분에 삶의 철학과 방향을 확인하고 지금까지 열심히 살 수 있었다. 그녀는 나와 동갑이다. 언젠가는 그녀를 만나 나의 멘토임을 이야기하고 싶다.

멘티는 멘토의 가장 좋은 자극제

손서영 NSD는 나의 리더이자 멘토다. 그녀가 내 삶에 얼마나 많은 영향을 미치고 빛과 같은 역할을 했는지는 새삼 언급할 필요도 없다. 그런데 그녀는 처음에는 내가 매우 불편했다고 한다. 나이가 많은 것은 둘째 치고 이미 영업 경험이 풍부해 영업은 말할 것도 없고, 강의까지 잘해 도와줄 것이 없어 보였기 때문이라고 했다.

게다가 내가 입사할 즈음, 그녀가 이끄는 에어리어는 상황이 좋지 않았다. 그때만 해도 메리케이 인지도가 낮아 스킨케어 클래스에 응하는 이들도 적었고, 어렵게 스킨케어 클래스를 해도 구매로 잘 연결되지 않아 판매실적이 날로 떨어지고 있었다.

그러던 차에 내가 합류하면서 상황이 달라졌다. 입사 첫 달부터 나는

252

전무후무한 실적을 기록했다. 나만 실적을 많이 올린다고 문제가 해결되는 것은 아니었지만, 침체되어 있는 분위기를 끌어올리는 데는 도움이 되었던 것 같다.

이후 에어리어는 다시 성장하기 시작했다. 에어리어의 성장도 성장이지만, 개인적으로는 그녀의 성장이 더욱 놀랍다. 에어리어가 다시 성장하기 시작하면서 그녀는 누구보다도 자기계발에 많이 투자했다. 리더십을 키우고, 강의 스킬을 배우고, 다양한 지식을 습득하기 위해 노력했다.

외모도 크게 달라졌다. 처음 만났을 때의 이미지는 촌스러웠다. 멋을 부려본 적이 없는 전형적인 평범한 시골아줌마 느낌이었다. 지금은 세련된 커리어우먼 이미지로 탈바꿈했다. 그 옛날 촌스러웠던 이미지는 어디에서도 찾아볼 수가 없다.

외모만 달라진 것이 아니라 능력 면에서도 비약적으로 발전했다. 나중에 들은 이야기로는 그녀가 자기계발에 열성을 기울인 데는 내가 조금은 영향을 미쳤다고 한다. 일을 시작하자마자 엄청난 실적을 올리는 것도 놀랍지만 철저하게 자기관리를 하는 모습을 보고 자극을 받았다고 한다.

그녀는 추진력이 남다르고, 리더십과 예지력이 뛰어났다. 그럼에도 30대 초반의 젊은 나이에는 어떻게 사람을 품어야 하는지를 잘 몰라 사람들과의 관계에서 상처도 많이 받았다. 그랬던 그녀가 본격적으로 자기계발을 하면서 달라졌다. 카네기 인간관계 과정을 밟으면서 많은 사람을 포용할 수 있는 넓은 그릇으로 성장했고, 최고경영자 과정을 밟으면서 리더십도 강화했다.

무엇이든 새로운 것을 배우면 스펀지처럼 흡수하고 바로 활용했다. 다른 사람의 장점을 자기 것으로 만드는 능력도 뛰어났다. 이는 내가 부러워하는 모습 중 하나인데, 다른 누군가에게 배울 만한 것이 있다고 생각하면 바로 습득해 자기만의 색깔을 입혀 자신의 능력으로 발전시켰다.

스피치도 일취월장했다. 원래도 스피치를 잘했는데, 스피치 전문 교육을 받으면서 지금은 전문 스피치 강사만큼이나 잘한다. 우회적으로 감성을 터치하면서도 핵심을 정확히 짚어주는 스타일이다.

그렇게 앞서 눈부시게 성장을 거듭하는 모습을 보면서 나도 하루라도 빨리 그녀처럼 되고자 노력한다. 그런 내게 오히려 내게서 좋은 자극을 받고 더 성장하기 위해 노력할 수 있었다고 말해주는 그녀가 고맙다.

진정한 인간관계는 어느 한쪽만 일방적으로 좋아서는 안 된다. 양쪽 모두 서로에게 도움을 주고받으며 함께 성장할 수 있는 관계가 정말 좋은 관계다. 멘티는 멘토를 보며 성장하고, 멘토도 성장하는 멘티를 보며 좋은 자극을 받을 수 있는 것이야말로 가장 이상적인 멘토와 멘티의 관계가 아닐까 싶다.

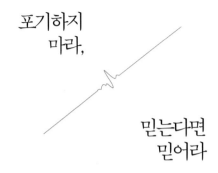

포기하지
마라,

믿는다면
믿어라

아이들은 믿어주는 만큼 자란다. 타고난 재능에 의해 성장하는 것이 아니라 부모가 믿어주고 격려해주는 만큼 성장한다. 일터에서 사람을 키우는 방식도 크게 다르지 않음을 실감한다. 신입 뷰티 컨설턴트들의 성장하는 모습은 다양하다. 어떤 컨설턴트는 예전에 내가 그랬듯이 시작하자마자 발군의 실력을 보여주기도 하고, 반대로 시간이 지나도 영 발전이 없는 컨설턴트도 있다.

흔히 조직은 냉정하다고 한다. 능력이 있는 사람은 살아남을 수 있지만 능력이 부족한 사람은 저절로 도태될 수밖에 없는 구조라고 입을 모은다. 하지만 조직을 이끌다 보니 능력 있는 사람과 능력이 없는 사람의 차이가 생각보다 크지 않다고 느낄 때가 많다. 아이들이 부모가 믿어주는 것만큼 자라듯이 구성원들도 리더가 믿고 기다려주는 만큼 성장하는 것 같다. 시간이 얼마나 걸리는가의 차이만 있을 뿐이다.

때로는 아무리 기다려도 제자리걸음만 하는 것처럼 아주 천천히, 조금씩 성장하는 사람이 있지만 리더가 믿어주고 기다려주면 누구나 기대를 저버리지 않고 반드시 성장한다.

참을 줄 아는 리더가 조직을 키운다

성장속도가 느린 사람을 그가 비상할 때까지 믿고 기다려주기란 쉬운 일이 아니다. 상당한 인내를 필요로 한다. 게다가 열심히 해도 이렇다 할 성과가 없을 때 스트레스가 가장 심한 사람은 당사자다. 제자리걸음을 하거나 때로는 후퇴할 때마다 자신감이 추락해 일이 더 안 되는 악순환을 겪는다. 웬만한 인내심으로 그 고통스러운 과정을 차분하게 지켜보기 어렵다. 하지만 단언하건대 믿고 기다리면 반드시 성장한다. 그것도 제자리걸음을 한 시간이 길면 길수록 어느 순간 수직 상승한다.

3년이라는 결코 짧지 않은 시간이 지난 후에야 본격적인 비상을 한 디렉터가 있다. 5년 전에 우리 에어리어에 들어왔는데, 처음에는 성과가 잘 나올 줄 알았다. 성품도 좋고, 주변 사람들에게 호감을 주고, 무엇보다 열심히 일했기 때문이다.

열심히 하는데도 성과가 나오지 않자 그녀는 나를 보기만 하면 투정을 부렸다. 감성이 풍부해서 그런지 일이 잘 안 되면 상처도 많이 받고 속상해했다. "힘들어요", "속상해요"를 입에 달고 살았다.

1년이 지나고 2년이 지나도 상황은 크게 달라지지 않았다. 그대로 두면 제풀에 지쳐 포기할 것 같아 집중적으로 개인코칭을 시작했다. 매일 하루

256

에 2시간씩 코칭했는데, 큰 틀을 두루뭉수리하게 코칭하는 것이 아니라 그녀의 하루 일과를 돌아보며 디테일하게 코칭했다. 어떤 사람을 만났는지, 스킨케어를 했을 때의 반응이 어땠는지를 질문하고, 그녀의 대답에서 문제점을 찾아내고 새로운 방법을 제시했다.

"오늘 어떤 사람을 만났어?"

"화장에 관심이 많고 화장품을 좋아하는 사람이었어요. 그런데 구매로 이어지지 않았어요."

"왜 구매하지 않았을까?"

"모르겠어요."

"그럼 물어볼게. 클래스를 어떻게 했어? 클렌저를 어떻게 설명했어?"

"제가 알고 있는 클렌저의 모든 것을 다 말해주었어요. 성분부터 왜 써야 하는지까지 전부 다요."

"성향은 어떤 것 같았어?"

"쿨하고 깔끔한 것 같았어요."

"그렇다면 설명을 너무 길게 한 것 같아. 그런 사람은 대부분 핵심적인 기능만 알기를 원해. 그런데 성분부터 시시콜콜하게 길게 설명하니까 지루해서 흥미를 잃어버린 거야."

"그런가요?"

"설명 길게 하지 말고, 가르치려 들지 말고, 고객이 관심 있어 하는 기능만 말해. 모공에 관심이 있다면 모공에만 포커스를 맞춰. 누구나 자기 이야기를 하고 싶어하지 다른 사람이 구구절절하게 말하는 것은 듣고 싶어하지 않거든."

이런 식으로 하나하나 디테일하게 코칭했다. 집중적으로 개인코칭을 했어도 결과는 빨리 나타나지 않았다. 클래스를 하는 방법이나 사람을 대하는 태도에 문제가 있어서 열심히 일해도 성과가 나오지 않았던 것인데, 코칭을 해도 이미 습관이 되었는지 잘 고쳐지지 않았다. 비슷한 코칭을 되풀이할 때도 많았다.

집중 코칭을 했는데도 별로 나아지지 않았다는 생각이 들 때는 나까지 의기소침해졌다. 더이상 애쓰지 말고 포기하고 싶기도 했지만 참았다. 언젠가는 좋아질 것이라 믿고 인내하며 더 열심히 코칭하려고 노력했다.

인내의 결과는 코칭을 시작한 지 7개월쯤 지나면서부터 나타나기 시작했다. 그때부터 그녀는 상상을 초월한 매출을 올리기 시작했다. 회사에서 하는 프로모션도 척척 달성하고, 비상을 시작한 지 6개월 후에는 관리자급 디렉터가 되기 위한 핑크 그랜저 프로모션도 달성했다. 그녀를 보면서 역시 사람은 믿고 기다려주면 반드시 성장한다는 것을 확인했다.

인디언들이 기우제를 지내면 반드시 비가 온다고 한다. 어떤 특별한 비법이 있는 것이 아니다. 그들은 비가 올 때까지 기우제를 지내는 것뿐이다. 그러니 굳이 언제까지 기다리겠다는 제한을 두지 말고 구성원이 성장할 때까지 믿고 기다려주어야 한다. 인내의 시간이 길면 길수록 성장의 폭도 더 커지니 끝까지 포기하지 않고 믿고 기다려야 할 이유는 더욱 분명하다.

리더의 사전에 '포기'란 없다

리더는 구성원들의 성장을 돕는 사람이다. 그런 리더가 구성원을 포기한다면 이미 리더의 자격을 상실했다고 봐야 한다. 리더가 왜 포기를 해서는 안 되는지는 어니스트 섀클턴을 통해 배웠다. 그는 남극횡단에 실패했지만 '지난 천 년 동안 가장 위대한 탐험가 10인' 중 한 명으로 회자되고 있다. 포기를 모르는 탁월한 리더십 덕분이다.

그는 팀원들과 남극 횡단에 도전했다가 배가 난파되어 죽을 위기에 처했다. 혹한과 악천후, 식량까지 부족한 상황에서 생존할 확률은 극히 희박했지만 그는 포기하지 않았다. 팀원들에게 내일 구조될 수 있다는 희망을 안겨주었다. 펭귄, 물개, 바다사자를 잡아 식량을 비축하고, 모든 팀원을 공평하게 대했다.

팀원들이 더이상 희망이 없다고 절망에 빠졌을 때도 그는 포기하지 않았다. 구명보트를 타고 1,800킬로미터의 빙하 바다를 건너 구조를 요청하러 떠났다. 남은 대원들이 돌아오지 않는 그를 기다리며 구조를 포기했을 때 기적처럼 그는 다시 나타났다.

그와 탐험대원 28명은 634일만에 단 한 명의 사망자도 없이 전원 구조되었다. 절체절명의 순간에서도 포기하지 않고 팀을 이끌었던 그의 리더십은 늘 나를 감동시킨다. 그를 생각하면 팀원들이 내 생각만큼 성장하지 않는다고 잠시 포기하려 했던 내가 더없이 부끄러워진다.

리더는 절대 사람을 포기해서는 안 된다. 물론 아무리 애를 써도 스스로 포기하면 어쩔 수 없다. 하지만 본인이 포기하려는 의도가 없다면 끝까지 성장할 때까지 기다려주어야 한다. 진심으로 팀원이 잘되기를 바란다면, 성장하기를 바란다면 포기하면 안 된다. 포기하는 순간 그 사람은 성장할 기회를 잃기 때문이다.

함께 일할 사람을 뽑을 때도 마찬가지다. 메리케이에서는 함께 일할 사람을 스스로 찾는다. 메리케이가 어떤 일을 하는 회사인지 소개하고 함께 일할 것을 제의하는데, 제의를 받자마자 선뜻 승낙하는 경우는 극히 드물다. 대부분 "그런 일은 해본 적 없어요", "내 성격으로는 못해"를 비롯해 이런저런 이유를 들며 거절한다. 한 번 거절당했다고 포기하면 제안한 사람은 좋은 사람을 얻을 기회를 잃고, 제안을 받은 사람 역시 삶을 변화시킬 중요한 기회를 잃을 수 있다.

메리케이에 입사해 얼마 되지 않았을 때의 일이다. 회사를 소개시켜주고 함께 일할 수 있는 사람이 누구일까 고민하던 중 떠오르는 사람이 있었다. 순천에 있을 때 종교단체에서 만난 사람이었는데, 일을 야무지게 잘했다. 나와도 호흡이 잘 맞아 함께 일하면 좋겠다는 생각에 한걸음에 달려가 만났다. 하지만 그녀는 단호하게 거절했다. 그래도 포기하지 않았다. 생각이 바뀌면 연락하라고 말하고 7개월을 기다렸다가 다시 찾아갔다.

다시 본 그녀는 아르바이트를 하고 있었고, 얼굴에 기미가 새까맣게 앉아 있었다. 당시 30대 초반의 젊은 나이였는데 기미가 너무 심했다. 안쓰러운 마음에 기미에 좋은 화장품을 주고 써보라고 했다. 그녀는 워낙 기미가 심해 병원에 가야 하나 고민하던 중이었다며 반가워했다. 얼마 후 다시 본 그녀는 화장품 덕분에 기미가 많이 옅어졌다며 좋아했다. 아닌 게 아니라 화장품을 쓴 지 2주가 채 안 되었는데 그새 얼굴이 환해져 있었다. 만족해하는 그녀에게 다시 함께 일할 것을 제안했다. 제품의 효과를 직접 체험해서인지 바로 수락했다.

그때부터 지금까지 그녀는 나의 소중한 '첫 딸'이다. 메리케이에서 리더와 그 밑의 디렉터나 뷰티 컨설턴트의 관계는 엄마와 딸과 같다. 그래서 그녀는 나를 엄마로, 나는 그녀를 첫 딸로 부른다. 순천에서 처음 메리케이 일을 시작할 때부터 지금까지 거의 10년의 세월을 함께 한 딸이라 내 마음을 속속들이 헤아리고 이해해주는 예쁜 딸이다.

메리케이에서 일하면서 그녀의 삶은 완전히 달라졌다. 전에는 남편 월급만으로 살기가 빠듯해 늘 현금서비스를 받으며 부족한 생활비를 보충했는데, 메리케이에서 일하면서 현금서비스에 영원한 안녕을 고할 수 있었다. 뿐만 아니라 집도 늘리고, 그토록 원했던 딸을 낳아 위의 두 아들과 함께 알콩달콩 행복하게 살고 있다.

첫 딸은 여전히 순천에서 활동 중이다. 거리가 멀어 자주 보지는 못하지만 그녀는 엄마를 위로해주는 든든한 딸이다. 처음 그녀가 거절했을 때 포기했다면 이처럼 고마운 딸을 얻지 못했을 것이다. 생각만 해도 아찔하다.

리더를
존중해야

리더로
자란다

　한때 기업들이 직원을 뽑을 때 군 복무를 필수로 명시했던 적이 있다. 지금은 차별을 금기시하는 분위기라 노골적으로 군 복무를 마친 남성을 선호하는 티를 내지는 못하지만, 군대를 갔다 온 남성을 우대하는 분위기는 여전하다. 기업뿐만이 아니다. 어떤 조직이든 군 복무를 마친 남성은 일단 점수를 얻는다. 왜 그럴까? 남성들은 군대에 복무하는 동안 철저하게 상명하복의 조직문화를 배운다. 윗사람의 말이나 지시를 따르는 훈련을 이미 받았기 때문에 조직문화에 잘 적응할 수 있다고 믿는다.

　확실히 남성들은 여성들에 비해 조직에 익숙하다. 그 조직이 위계질서와 상명하복을 중시하는 조직이라면 더 더욱 남성이 더 잘 적응한다. 하지만 지금은 조직문화도 크게 변화 중이다. 상하관계보다는 수평관계 속에서 지위고하를 떠나 서로의 의견을 존중하고 비판할 수 있는 조직으로 발전하고 있다.

그럼에도 불구하고 조직에서의 리더의 존재는 충분히 존중해야 한다. 무조건적인 상명하복도 문제지만, 무조건 리더에게 반기를 드는 것도 문제다. 리더를 인정하지 않고 사사건건 반대를 하면 조직이 발전하기 어렵고, 무엇보다 반대를 한 자신에게도 아무런 도움이 되지 않는다.

가장 확실한 성공 매뉴얼, 리더

메리케이의 한 에어리어를 책임지는 리더로서 여성들과 일하다 보면 리더를 대하는 방식도 제각각이라는 것을 확인하곤 한다. 우선 리더가 무언가를 제시했을 때 적극적으로 지지하고 따르는 유형이 있다. 리더를 전적으로 믿어주는 사람들로 조직을 발전시키는 데 아주 중요한 역할을 하는 사람들이지만 그 수는 그리 많지 않다. 가장 많은 유형은 뜨뜻 미지근이다. 좋은 것도, 싫은 것도 아닌 불분명한 태도를 취하며 리더가 이끄는 대로 잘 따라오지도 않고, 그렇다고 반기를 들지도 않는다. 마지막으로 사사건건 반기를 드는 유형이 있다. 리더의 뜻을 긍정적으로 받아들이기보다 먼저 반대부터 하고 본다.

조직 구성원들의 의견이 모두 같을 수는 없다. 당연히 어떤 안건을 내면 서로 다른 의견을 제시하기 마련이다. 생각의 차이를 좁히고, 합의점을 도출하는 것은 분명 리더의 능력이다. 때로는 구성원들이 반대해도 최선이라고 생각하면 밀어붙일 필요도 있다.

하지만 리더의 의도와 진심과는 상관없이 반대부터 하는 구성원들을 보면 안타깝기 그지없다. 메리케이 조직은 리더 개인의 능력만으로는 좋은 결과를 얻을 수 없다. 구성원들이 발전해 제각각 자신의 능력을 최대한 발휘할 때 조직도 발전하고, 리더의 가치도 올라간다. 리더는 자신을 위해서라도 구성원들이 잘될 수 있도록 도와야 하는 숙명을 지닌 존재인 셈이다.

메리케이에 입사했을 때 나는 리더를 적극적으로 지지하고 따랐다. 영업 경력만 놓고 보면 내가 훨씬 선배였다. 미에로화이바 대리점을 운영하고 10년 동안 보험 영업을 하면서 영업 감각을 키우고 노하우를 쌓아온 나였다. 하지만 나보다 16살이나 어렸음에도 나는 나의 리더로 인정하고 존중했다. 리더의 말이라면 토를 달지 않고 따랐다. 영업 경력과 나이는 내가 많았지만 메리케이라는 조직을 나보다 훨씬 더 많이 알고, 메리케이 방식의 영업 노하우도 나보다 월등하다고 생각했기 때문이다.

리더는 나보다 앞서 경험하고 시행착오를 겪으면서 성장했기 때문에 그 자체로 훌륭한 매뉴얼이 된다. 왜 그렇게 해야 하는지 고민하지 않고 리더가 이끄는 대로 따라가도 괜찮은 이유가 여기에 있다.

그런데도 많은 이들이 리더의 말에 반기를 드는 이유는 리더를 진심으로 믿지 못하기 때문이다. 리더가 시행착오를 통해 가장 좋은 방법을 제시한 것임에도 불구하고 리더를 믿지 못해 주위를 두리번거리며 집중하지 못한다.

구성원들이 잘되기를 원하지 않아 고의적으로 엉뚱한 방향을 제시하는 리더는 없다. 앞에서도 말했지만, 구성원이 잘되어야 리더 또한 잘될 수 있다. 그런데 어리석게 구성원을 구렁텅이 몰아넣을 리더가 있을까.

리더의 말을 따르지 않고 자기만의 방식으로 성장할 수도 있다. 그것

또한 어리석은 짓이다. 가장 훌륭한 매뉴얼이나 마찬가지인 리더를 활용하지 않고 경험도 없이 혼자 배우려고 하면 시간도 오래 걸리고 결과도 좋으리라는 보장이 없다.

어떤 요리를 처음 할 때 사람들은 대부분 레시피를 참조한다. 이미 요리 고수에 의해 검증된 요리법을 토대로 해야 시행착오를 줄일 수 있다. 몇 번 레시피를 보고 요리하는 데 익숙해지면 그때부터는 기본 레시피에 없는 재료도 첨가해보고, 방법을 살짝 바꿔도 괜찮다. 마찬가지로 처음에는 리더가 제시한 방법을 충실하게 따라 기본기를 익히는 것이 중요하다. 기본기에 자신만의 창의적인 아이디어를 가미하는 것은 그 다음이다. 리더를 위해서가 아니라 자신을 위해서라도 리더라는 최고의 매뉴얼을 적극적으로 활용할 필요가 있다.

리더에게서 리더의 역할을 배운다

리더가 구성원들을 잘 이끌려면 구성원들의 입장에서 많이 고민하고 구성원 개개인을 이해하려 노력해야 한다. 하지만 리더만 구성원을 이해할 의무가 있는 것은 아니다. 구성원들도 리더를 이해하고 존중해야 한다. 왜 리더가 그런 결정을 내렸는지 리더의 입장에서 고민하면 미처 보지 못했던 많은 것을 보고 이해할 수 있다.

리더는 경험도 많지만 조직에 대한 책임감이 그 누구보다도 강하다. 그렇기 때문에 무엇이든 쉽게 결정하지 않는다. 리더가 어떤 일을 하자고 안건을 내놓았을 때는 이미 수없이 시뮬레이션을 하며 예상할 수 있는 문제점과 결과를 예측해보았을 것이다. 그런 믿음이 있었기 때문에 나는 리더의 말을 기꺼이 따를 수 있었다.

군대도 아닌데 리더가 하라는 대로 해야 하느냐고 반문하는 이들도 있을 것이다. 리더도 언제나 옳을 수만은 없다. 수없이 시뮬레이션을 했어도 미처 예상하지 못한 문제가 생길 수도 있고, 판단을 잘못했을 수도 있다. 그렇다 해도 리더를 존중한다면 리더를 따라도 괜찮다. 현명한 리더는 스스로 잘못을 깨우치고 방향을 바로잡을 수 있다. 만약 잘못되었는데도 수정하지 않고 하던 대로 밀어붙인다면 그 리더는 리더 자격이 없다.

리더를 리더로 인정하고 존중할 때 그런 자신 또한 리더 재목으로 성장할 수 있다. 많은 이들이 "내가 하면 저보다는 훨씬 잘할 수 있다"는 말을 쉽게 한다. 리더의 입장을 헤아리고 존중하지 않고 비판적인 시각에서만 보면 리더의 모든 것이 부정적으로 보인다. 사사건건 눈에 거슬린다. 무엇 하나 잘하는 것이 없어 보이니 자신이 하면 대충 해도 훨씬 잘할 것 같은 생각이 절로 든다.

하지만 비판만 하던 입장에서 비판을 받는 자리에 올랐을 때 정말 잘할 수 있는 사람은 거의 없다. 비판하기에만 바빠 정작 리더가 어떤 역할을 하는지를 이해할 시간이 없었기 때문이다. 지금까지 사사건건 리더에 반기를 들던 사람이 리더가 되었을 때 훌륭하고 현명한 리더가 되는 예를 거의 보지 못했다.

리더의 역할과 구성원의 역할은 다르다. 자리가 사람을 만든다는 말이 있듯이 그 자리에 올라가야 비로소 그 자리가 어떤 자리인지 알 수 있다. 하지만 리더를 존중하면 리더가 되기 전에 리더가 어떤 역할을 하는 사람인지를 간접적으로나마 알게 된다. 그렇게 리더를 통해 리더의 역할을 이해하면 자신이 리더가 되었을 때 리더의 몫을 훌륭하게 수행할 수 있을 것이다.

성장과 나눔은 결코 둘일 수 없다

열심히 노력해 더 멋지게 성장한 나를 확인하는 것도 즐겁지만, 내 도움이 필요한 이들을 위해 무엇이라도 했을 때가 더 즐겁다. 끊임없이 성장하기 위해 노력하는 이유 중 하나도 더 많이 돕고 나눌 수 있기 위해서이기도 하다. 반드시 돈이 있어야 남을 도울 수 있는 것은 아니지만, 마음만으로 돕는 데는 한계가 있다. 나의 버킷리스트 중에는 '해외아동 300명 지원하기', '캄보디아에 학교 짓기'가 있는데, 다 마음만으로 할 수 있는 일은 아니다.

물론 마음만으로 도울 수 있는 것도 많다. 보험 영업을 할 때, 법무부에서 주관하는 범죄예방위원으로 활동한 적이 있다. 사회봉사명령을 받은 아이들이 다시 범죄를 저지르지 않도록 보살피는 것이 주된 일이었는데, 한 달에 두세 번 정도 만나 일상을 체크하고, 같이 밥도 먹고, 이야기도 들어주고, 필요하다면 조언해주기도 했다. 보험 영업을 하면서 바빴지만 약 12년 동안 그 일을 계속 했다. 아이들을 돕고, 그 아이들이 좋은 방향으로 변화하는 모습에서 큰 보람을 느꼈기 때문이다.

메리케이에서 일을 시작하면서 여러 가지 여건상 더이상 범죄예방위원으로 일하기가 어려워져 그만두었다. 하지만 더 많이 돕고 나누고 싶은 대상이 생겼다. 바로 여성들이다.

부끄럽지만 메리케이를 만나기 전까지는 일은 각자 하는 것이라고 생각했다. 내가 다른 사람이 일을 잘할 수 있도록 도와야 한다는 생각은 하지 못했다. 고객들을 돕는 것은 지극히 당연시하고, 어떻게든 고객을 돕기 위해 노력하면서도 함께 일하는 동료들을, 후배들을 도와야 한다는 생각은 미처 하지 못했다.

메리케이는 내게 새로운 소망을 갖게 해주었다. 메리케이를 설립한 메리 케이 애시 여사는 여성들이 자신의 능력을 발휘할 수 있는 기회를 제공하고 싶은 마음으로 회사를 만들었다. 또 여성들이 열심히 일한 만큼, 능력만큼 충분히 보상받을 수 있는 회사를 꿈꾸었다. 메리케이에서 일하면서 애시 여사가 얼마나 여성들을 사랑하고, 여성들이 성공하고 꿈을 이룰 수 있도록 얼마나 힘썼는지를 실감할 수 있었다.

메리케이에서 만난 여성들은 대부분 처음에는 자신감이 없다. 그런 그녀들이 모두 능력과 아름다움을 겸비한 여성으로 성장할 수 있도록 돕는 것이 메리케이의 기업 이념이자 나의 역할이다. 처음에는 어떻게 도와야 할지 잘 몰랐다. 하지만 애시가 먼저 경험하고 알려준 대로 여성들은 칭찬, 격려, 인정을 통해 성장한다. 진심으로 칭찬, 격려, 인정해주는 것만으로도 여성들은 자기 내면 깊숙이 숨어 있는 능력과 재주를 발견하고 끌어낸다.

메리케이에서 만난 여성들 대부분이 영업을 해본 적이 없다며 걱정한다. 걱정할 필요가 없다. 여성은 태어날 때부터 탁월한 영업 능력을 갖고 있다. 영업의 기본은 내가 믿는 것을 상대방에게 알려 믿게끔 하는 것이다. 그런데 여성들은 가정에서는 남편과 자녀에게, 밖에서는 가까운 이웃이나 주변 사람들에게 자신이 믿는 것을 알리는 역할을 아주 잘한다. 여성에게 영업은 제2의 천성이나 마찬가지인 셈이다.

메리케이에서 함께 일하는 여성들은 또 다른 나의 가족이다. 나는 내 가족들

이 자존감과 존재감과 주체성을 갖고 자신의 능력을 100퍼센트, 아니 200퍼
센트 계발할 수 있도록 돕고 싶다. 또한 소중한 가족들이 꿈과 목표를 세우고
함께 이룰 수 있도록 안내하고 싶다. 부족하나마 나의 앞선 경험이 다른 여성
들에게 도움이 될 수 있다는 데 감사한다.

그녀들을 오랫동안 돕기 위해서라도 나는 성장해야 한다. 미리 앞서 경험하
고 성장하면 후배들은 내가 겪은 시행착오를 되풀이하지 않고 청출어람할 수
있을 테니까 말이다.